POLYGLOTT on tour

Mallorca

Die Autorin
Kristiane Albert
ist freiberuflich als Fremdenführerin, Reisejournalistin und Buchautorin tätig. Sie lebt abwechselnd in Barcelona und auf den Balearen.

Der Autor
Peter V. Neumann
Der in Franken geborene Journalist und Reisebuchautor lebt seit den 1980er-Jahren in Spanien, die meiste Zeit davon auf Mallorca. Am liebsten ist er an der bizarren Nordwestküste unterwegs.

Das System der POLYGLOTT Sterne

Auf Ihrer Reise weisen Ihnen die Polyglott-Sterne den Weg zu den bedeutendsten Sehenswürdigkeiten aus Natur und Kultur. Für die Vergabe orientieren sich Autoren und Redaktion am UNESCO-Welterbe.
*** eine Reise wert   ** einen Umweg wert   * sehr sehenswert

Unsere Preissymbole bedeuten:

Hotel (DZ)		Restaurant (Menü)	
●●●	ab 150 €	●●●	ab 36 €
●●	70 bis 150 €	●●	18 bis 36 €
●	bis 70 €	●	bis 18 €

POLYGLOTT Top 12 Umschlag vorne

Reiseplanung

Die Reiseregion im Überblick	8
Die schönsten Touren	8
Mallorca in einer Woche entdecken	9

Palma › Peguera › Banyalbufar › Andratx › Valldemossa › Deià › Sóller › Lluc › S'Albufera › Pollença › Alcúdia › Cala Rajada › Artà › Portocristo › Petra › Felanitx › Portocolom › Ses Salines › Colònia de Sant Jordi › Capocorb Vell

Ausflugsklassiker ohne Auto ... 14

Palma › Sóller › Port de Sóller › Sóller › Palma

Touren in der Region – Übersicht	15
Klima und Reisezeit	16
Anreise	17
Reisen auf Mallorca	17
Special Kinder	
»Unterwegs mit Kindern«	18
Sport und Aktivitäten	20
Special Radfahren	
»Radeln über Berg und Tal«	23
Unterkunft	25

Land & Leute

Steckbrief Mallorca	28

Lage][Bevölkerung][Politik und Verwaltung][Wirtschaft

Geschichte im Überblick	30
Natur und Umwelt	31

Flora][Fauna][Umweltprobleme

Kunst und Kultur	34

Architektur][Malerei][Musik][Kunsthandwerk

Special Kunstszene	
»Insel der Inspiration«	38
Feste und Veranstaltungen	40
Essen und Trinken	41

Unterwegs in auf Mallorca

Palma und seine Bucht 46
Königin der Nacht, aber auch tagsüber kein Aschenputtel, das
ist Palma, der kulturelle und wirtschaftliche Mittelpunkt der
Balearen. Drei Touren führen durch den alten Stadtkern, stellen
aber auch die maritime Seite der Metropole vor. Die Ziele in der
Bucht gehören zu den Klassikern des Tourismus.

Zur Orientierung 47
Touren durch Palma de Mallorca 47
Historische Altstadt 47
Kathedrale][Palau de l'Almudaina][Palau
March][Ajuntament][Església Santa Eulàlia][
Can Barceló][Basílica Sant Francesc][Església
Monti-sion][Museu de Mallorca][Maurische
Relikte][Stadtpaläste][Museu Diocesà
Shopping im Zentrum 54
Plaça Espanya][Sant Miquel][Mercat Olivar][
Museu d'Art Espanyol Contemporani][Plaça
Major][Centre Cultural Contemporani Pelaires
][Sala Pelaires][Plaça del Mercat][Gran Hotel
][Via Roma/Rambla][Casa de la Misericòrdia][
Carrer Sant Jaume
Stadt am Meer 57
Plaça Rei Joan Carles I.][Passeig des Born][
Plaça de la Reina][S'Hort del Rei][Parc de la
Mar][Hafenpromenade][Es Jonquet][Santa
Catalina][Museu Es Baluard][Consolat de
Mar][Sa Llotja
Ziele in der Bucht 63
Poble Espanyol][Castell de Bellver][Fundació
Pilar i Joan Miró][Sant Agustí und Ses Illetes][
Es Molinar und Ciutat Jardi][Can Pastilla, Platja
de Palma, S'Arenal

Südwesten 66

Die Küste des Südwestens ist eine der begehrtesten Wohngegenden der Mallorquiner, aber auch bevorzugtes Ziel vieler Besucher. Abseits der touristisch voll erschlossenen Südküste bezaubern stille Bergdörfer wie Banyalbufar und Estellenç.

Zur Orientierung 67
Touren in der Region 67
Unterwegs im Südwesten 69
Portals Nous][Palmanova-Magaluf][Santa Ponça][Peguera][Calvià][Capdellà][Puigpunyent][Esporles][Banyalbufar][Estellenç][Andratx][Camp de Mar][S'Arracó][Sant Elm

Serra de Tramuntana 76

Ein Publikumsmagnet ist Valldemossa, wo einst Frédéric Chopin logierte, ein weiterer Sóller, das ein Nostalgiezug mit Palma verbindet – und zwar durch die Serra. Dramatisch steil fällt sie zum Meer ab, sanft zum Landesinnern, überall eröffnen sich grandiose Panoramen auf den Bergstrecken und in schmucken Orten.

Zur Orientierung 77
Touren in der Region 77
Unterwegs in der Region 81
Valldemossa][Son Marroig][Miramar][Deià][Llucalcari][Sóller][Port de Sóller][Fornalutx][Sa Calobra/Torrent de Pareis][Santuari de Lluc][Bunyola][Orient][Alaró][Inca

Buchten des Nordens 95

Zwischen dem bizarren Cap de Formentor und der Halbinsel von Artà spannen sich weite Buchten mit herrlichen Stränden. Im Hinterland liegen Tropfsteinhöhlen und ein Vogelreservat.

Zur Orientierung 96
Touren in der Region 97
Unterwegs im Norden 101
Pollença][Cala Sant Vicenç][Port de Pollença][Alcúdia][Port d'Alcúdia][Can Picafort][Coves de Campanet][Sa Pobla][Muro][Artà][Ses Païsses][Ermita de Betlem][Colònia Sant Pere][Coves d'Artà][Capdepera][Cala Rajada

Südosten 114

Charmante Buchten im Osten und der schönste Strand der Insel, Es Trenc, verlocken zum Baden und Wassersport. Auf markanten Erhebungen im Hinterland thronen Klöster und Burgen, buntes, quirliges Leben lockt zu den Wochenmärkten der Städte.

Zur Orientierung 115
Touren in der Region 116
Unterwegs in der Region 120

Cala Millor][Sa Coma und S'Illot][Portocristo][Manacor][Portocolom][Felanitx][Santuari de Sant Salvador][Castell de Santueri][Cala d'Or][Portopetro][Santanyí][Cala Figuera][Ses Salines][Botanicactus][Colònia de Sant Jordi][Nationalpark Cabrera][Banys de Sant Joan][Campos][Sa Ràpita und S'Estanyol][Capocorb Vell][Cala Pi][Llucmajor][Puig de Randa][Algaida][Vilafranca][Es Calderers][Petra][Puig de N. S. de Bonany][Sineu

Infos von A–Z 138

Register 141
Mini-Dolmetscher 144

Echt gut!

Strände vom Feinsten 21
Spa- und Wellnessstempel 22
Fincas im Trend 25
Vorzügliche Cuina Mallorquina 42
Unvergessliche Panoramen 73
Übernachten im Kloster 103
Die schönsten Märkte 124

Karten

Palma de Mallorca 52
Der Südwesten 68
Serra de Tramuntana 78
Der Nordosten 98
Der Südosten 116
Übersichtskarte .... **Umschlag hinten**

Reiseplanung

Die Reiseregion im Überblick][Die schönsten Touren][Klima und Reisezeit][Anreise und Reisen auf Mallorca][Sport und Aktivitäten][Unterkunft

Die Reiseregion im Überblick

»In Mallorca leben viele Mallorcas: das touristische Mallorca, das patriarchalische Mallorca, das industrielle und handwerkliche Mallorca, das bäuerliche Mallorca und das Mallorca der Fischer …«, schrieb Camilo José Cela (1916–2002), der spanische Literaturnobelpreisträger. Dieser Aufzählung könnte man vieles hinzufügen. Schroffe Felsküsten, kilometerlange Sandstrände, weite Feuchtgebiete, hohe Gebirgszüge und fruchtbare Ebenen im Inselinneren fügen sich zu einem vielgestaltigen Landschaftsbild, zu einem kleinen Universum auf 3684 km^2 – mit einer quirligen Hauptstadt: Palma. Nicht zu Unrecht meinen die Insulaner, dass man alle zwei Kilometer Neues entdecken kann.

Eine mehr als 100 m hohe Steilküste trennt die Strände des Südostens von der großen Bucht der Hauptstadt **Palma.** Zu beiden Seiten der Metropole – sie ist der Besuchermagnet – erstrecken sich die Ferienorte entlang weiter Sandstrände. **Der Südwesten,** das beliebteste Siedlungsgebiet der Insel, hat sich zur Naherholungsregion der Palmenser entwickelt. Während Hotelhochhäuser die Strände säumen, sind die sanften Hügel des Hinterlands mit Villen und Luxuswohnanlagen überzogen.

Zwischen Andratx im Südwesten und Pollença im Norden zieht sich die **Serra de Tramuntana** an der Küste entlang. Tiefe Schluchten durchschneiden die majestätische Bergwelt und enden in winzigen Buchten. Der einzige größere Schutzhafen mit touristischer Infrastruktur liegt in der Bucht von Sóller. Das 88 km lange und 10 bis 15 km breite Gebirge ragt mehr als 1000 m auf – und das in zehn Gipfeln. Höchste Erhebung ist der Puig Major mit 1445 m. Die letzten Ausläufer der wilden Küste türmen sich am Cap de Formentor zu bizarren Felsformationen auf.

Die Gebirgsbarriere schützt die Badia de Pollença und die Badia de Alcúdia vor den rauen Nordwinden. Die **Buchten des Nordens** mit ihren weit geschwungenen Sandstränden gehören zu den beliebten Zielen der Badeurlauber. Die Bucht von Alcúdia spannt sich bis zu den schroffen Ausläufern der Serra de Llevant (Höhen um 500 m) auf der Halbinsel von Artà, einer kleinen Welt für sich mit mittelalterlichen Burgen und attraktiven Sandstränden. Bedeutendstes Feuchtgebiet der Insel ist der Parc Natural de S'Albufera nahe Alcúdia, während das Windmühlengebiet zwischen den Orten Muro und Sa Pobla Mallorcas Kornkammer und sein Garten genannt wird.

Die **Ostküste** gliedern zahlreiche Buchten, die *cales*. Diese idealen Bootsliege- und Badeplätze werden oft fjordähnlich von Felsklippen eingefasst. Im **Süden** hingegen taucht die Küste sanft ins Meer ab. Lange Sandstrände wie die Platja Es Trenc sind – nur spärlich bebaut – wahre Badeparadiese und optimal für Kinder und Nichtschwimmer.

Die schönsten Touren

Mallorca in einer Woche entdecken

Palma › Peguera › Banyalbufar › Andratx › Valldemossa › Deià › Sóller › Lluc › S'Albufera › Pollença › Alcúdia › Cala Rajada › Artà › Portocristo › Petra › Felanitx › Portocolom › Ses Salines › Colònia de Sant Jordi › Capocorb Vell

Dauer und Distanzen:

1. Tag: Stadtspaziergang **Palma de Mallorca**
2. Tag: **Palma** › **Peguera** › **Capdellà** › **Puigpunyent** › **La Granja** › **Banyalbufar** › **Estellenç** › **Andratx** › **Palma** 110 km. 3. Tag: **Palma** › **Valldemossa** › **Deià** › **Sóller** › **Port de Sóller** › **Fornalutx** › **(Sa Calobra)** › **Kloster Lluc** › **Inca** › **Palma** 120 km (mit Sa Calobra 150 km). 4. Tag: **Port d'Alcúdia** › **S'Albufera** › **Coves de Campanet** › **Pollença** › **Port de Pollença** › **Alcúdia** 40 km. 5. Tag: **Cala Rajada** › **Capdepera** › **Artà** › **Coves d'Artà** › **Capdepera** › **Cala Rajada** 40 km. 6. Tag: **Portocristo** › **Coves del Drac** › **Manacor** › **Petra** › **Els Calderers** › **Felanitx** › **Kloster Sant Salvador** › **Castell de Santueri** › **Portocolom** › **Portocristo** 80 km. 7. Tag: **Llucmajor** › **Campos** › **Santanyí** › **Cala Figuera** › **Santanyí** › **Botanicactus** › **Colònia de Sant Jordi** › **Capocorb Vell** › **Llucmajor** 75 km.

Verkehrsmittel:

Beim Ausflug in die Metropole ist das Auto eher hinderlich. Palma lässt sich jedoch von fast allen Orten aus gut mit öffentlichen Verkehrsmitteln erreichen. Bahnlinien führen von Sóller, Inca, Sa Pobla und Manacor zum Terminal an der Plaça Espanya. Außerdem verkehren Überlandbusse. Für die Regionaltouren braucht man ein Auto, da die Querverbindungen mit Bussen kaum zu realisieren sind. Ausnahme ist die Strecke von Palma durch die Berge nach Sóller. Die Entfernungen beziehen sich jeweils auf die Tour, Anfahrtswege aus dem Urlaubsort müssen hinzugerechnet werden.

Wer die Insel kennenlernen will, sollte sich ihre 3684 km² häppchenweise vornehmen. **1. Tag:** Die Inselhauptstadt **Palma** bietet Sehenswertes für mehr als einen Tag. Schon ein Rundgang durch das historische Zentrum, beginnend mit der Besichtigung der ***Kathedrale › S. 48 am Morgen, ist inkl. Bummel durch Läden und Pausen ein tagfüllendes

Programm. Wer nach dem ausgiebigen Spaziergang – wichtige Stationen sind dabei das *Ajuntament (Rathaus) ❯ S. 49, das Kloster Sant Francesc ❯ S. 50, das historische *Museu de Mallorca ❯ S. 50 (wegen Umbauarbeiten auf unbestimmte Zeit geschl.) und vielleicht das Patrizierhauses Can Marqués ❯ S. 51 – noch Lust und Zeit hat, kann den Tag nach dem herrlichen Blick vom Mirador ❯ S. 51 vor der Kathedrale mit einem Drink im gegenüberliegenden »Café des Parc de Mar« oder in einer der Bars auf den Hafenmolen ausklingen lassen. Wer außerdem gerne auf sein Hotelabendessen verzichtet, darf Palmas Restaurantviertel Santa Catalina ❯ S. 59 nicht versäumen.

2. Tag: Startpunkt der Tour in den malerischen Südwesten ist

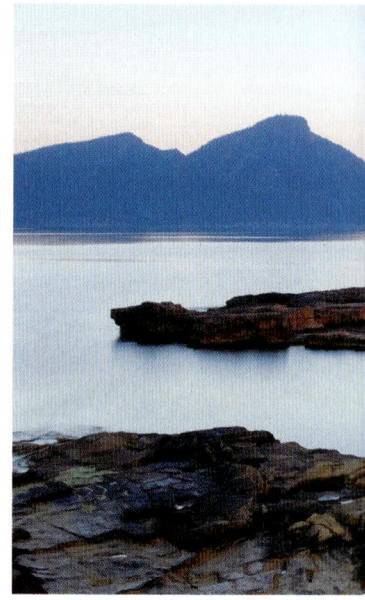

Berge und Meer, hier bei Sant Elm

Palma. Die Autobahn führt bis Peguera, aber erst Capdellà ❯ S. 71 ist das Eingangstor zur Bergwelt. In unzähligen Serpentinen windet sich ein enges Sträßchen durch dichte Wälder bis nach Galilea ❯ S. 71, dem höchstgelegenen Ort der Insel. Ein Pass ist zu überwinden, um in das liebliche Tal von Puigpunyent ❯ S. 71 zu gelangen. Dort empfiehlt sich der private Naturpark *Reserva Puig de Galatzó für eine kurze Wanderung. Auch die nächste Station, Esporles ❯ S. 72, schwelgt in üppiger Vegetation aufgrund des Wasserreichtums der Gegend – eine Seltenheit auf Mallorca. Einer Zeitreise in die Vergangenheit gleicht der Besuch des 2 km entfernten **Fincamuseums La Granja ❯ S. 72. Spektakuläre Panoramen und wunderbare Fotomotive bietet auf der Weiterfahrt die wilde Steilküste mit den malerischen Orten Banyalbufar ❯ S. 73 und Estellenç ❯ S. 73. Die Küstenstraße endet im

Entfernungen von Palma nach:

- Cala Rajada 79 km
- Cala Millor 71 km
- Cala d'Or 62 km
- Colònia de Sant Jordi 51 km
- Illetes 9 km
- Palmanova-Magaluf 15 km
- Peguera 22 km
- Can Picafort 60 km
- Port d'Alcúdia 54 km
- Port de Pollença 58 km
- Sóller 33 km

Die schönsten Touren

im Südwesten, prägen Mallorca

ruhigen Marktstädtchen **Andratx** › S. 73, und die Promenade von **Port d'Andratx** › S. 74 ist der ideale Ort, um den Tag mit einer Erfrischung ausklingen zu lassen, bevor man die Rückfahrt antritt.

3. Tag: Erste Eindrücke der Bergwelt der **Serra de Tramuntana** vermittelt die Fahrt von Palma ins malerische Dorf ✶✶✶**Valldemossa** › S. 81, bekannt als Zufluchtsort des Komponisten Chopin. Anschließend ist die Küstenstraße nach Deià ein Muss wegen der Ausblicke auf die zerklüftete Steilküste, eingeschlossen der Stopp am Landhaus **Son Marroig** › S. 84, heute ein Museum zu Ehren des Erzherzogs Ludwig Salvator. Das Künstlerdorf ✶**Deià** › S. 85 hat Charme, die schmale Küstenstraße nach Osten Dramatik, ehe sie über einen Pass **Sóller** › S. 87 im Orangental erreicht. Den Abstecher zum **Port de Sóller** mit seiner autofreien Uferpromenade, auf der nur die alte Straßenbahn verkehren darf, kann ideal mit einer Rast in einem der zahlreichen Restaurants am Hafenrund ergänzt werden. Eine angenehm zu fahrende Bergstraße windet sich ostwärts am malerischen Dorf ✶**Fornalutx** › S. 89 und den Stauseen Cúber und Gorg Blau vorbei zum ✶✶**Kloster Lluc** › S. 91, dem beliebtesten Wallfahrtsort der Mallorquiner. Wer genug Zeit hat, sollte die Serpentinen-Strecke in die Felsschlucht ✶**Sa Calobra** › S. 90 nicht verpassen (hin und zurück ca. 30 km). Über den Pass Coll de sa Batalla geht es schließlich hinunter in die Lederstadt **Inca** › S. 94. In Shoppinglaune wird man gerne einen abschließenden Blick auf die großen Läden und Factory Outlets an der Umgehungsstraße werfen. Auf der Autobahn geht es zurück nach Palma.

4. Tag: Römische Ruinen und das Vogelschutzgebiet S'Albufera stehen im Mittelpunkt der Tages, beginnend im touristischen **Port d'Alcúdia** › S. 105. Der Besuch in der Feuchtlandschaft ***S'Albufera** › S. 99 empfiehlt sich am Morgen, wenn die Mosquitos noch nicht so aktiv sind (Insektenschutz!). Über eine mit Windrädern übersäte Ebene, vorbei am Bauerndorf **Sa Pobla** › S. 107, dem Zentrum des Gemüseanbaus, führt die Landstraße zu den Tropfsteinhöhlen **Coves de Campanet** › S. 106. Perle des Nordens wird ***Pollença** › S. 101 genannt, das auf mehr als 2000 Jahre Geschichte zurückblickt. Ältestes Bauwerk ist die Römerbrücke. Der schöne Ort und sein 5 km entfernter Hafen Port de Pollença bietet für eine Rast herrliche kulinarische Auswahl. Auch in **Alcúdia** › S. 104 wecken die Reste der ältesten Römersiedlung samt Amphitheater Interesse, nicht zu vergessen die von mittelalterlichen Mauern umgebene Altstadt mit ihren Lokalen und Läden.

5. Tag: Zu Burgen und Höhlen. Der Badeort **Cala Rajada** › S. 112 an der äußersten Nordostspitze Mallorcas ist nach Palma zweitwichtigster Fischerhafen; an den Kais legen die Fähren nach Menorca ab. Das 6 km entfernte **Capdepera** › S. 112 gilt als die Stadt der Korbflechter. Praktische Einkaufstaschen und Sonnenhüte sind die Renner. Attraktion Nr. 1 aber ist das **Castell** › S. 100, die größte mittelalterliche Burg Mallorcas – mit herrlichem Blick über Stadt, Hinterland und Küste. Auch **Artá** › S. 109 wird von einer mächtigen Wehranlage überragt, sehenswert sind dort ferner die Wallfahrtskirche ***Santuari de Sant Salvador** › S. 110 mit mittelalterlichen Gemälden und die Talaiot-Siedlung **Ses Païsses** › S. 110. Durch die bewaldeten Ausläufer der **Serra de Llevant** geht es zu den Tropfsteinhöhlen **Coves d'Artá** › S. 111. Unterwegs passiert man die mittelalterliche **Torre de Canyamel**. Der Wachturm kann nicht bestiegen werden, einen Stopp ist dennoch das Restaurant nebenan wert, das die knusprigsten Spanferkel der Insel serviert. An der Kreuzung kurz vor dem Turm zweigt eine Straße nach Norden zurück nach Capdepera und Cala Rajada ab.

6. Tag: Von der Ostküste ins bäuerliche Hinterland. Den Auftakt der Tour könnte ein Bummel am schönen Hafen von **Portocristo** › S. 121 mit anschließender Stippvisite in der Unterwelt der Drachenhöhlen bilden, danach steht die Perlenstadt **Manacor** › S. 122 auf dem Programm. Sehenswert sind ihr Zentrum und die Verkaufsausstellung der bekannten Kunstperlenfabrik. Über die Autobahn in Richtung Palma und eine gut ausgebaute Landstraße erreicht man **Petra** › S. 135, das als Geburtsort von Fra Juniper Serra den Missionar und Gründer wichtiger US-Städte in einem Museum ehrt. Die **Museumsfinca Els Calderers** › S. 135 (2 km westl. von Sant Joan) gibt einen guten Einblick in das Leben

Die schönsten Touren

Ländlichen Charme verströmt die Landschaft bei Petra

wohlhabender Gutsbesitzer in früheren Jahrhunderten. Wo die Landstraße von Petra nach Felanitx die Schnellstraße Palma–Manacor kreuzt, bietet sich ein Halt im Restaurant »Es Cruce« an, der einzigen Fernfahrerkneipe der Insel: schneller Service, faire Preise. Die kleine Wein- und Töpferstadt **Felanitx** › S. 124 liegt am Fuß des Klosterbergs von ****Sant Salvador** › S. 125. Das Bild der reich ausgeschmückten Klosterkirche und der unvergessliche Ausblick sind die Mühen der Auffahrt über viele Serpentinen wert. Bei genügend Zeit bietet sich ein Abstecher zur nahen Burgruine ***Castell de Santueri** › S. 126 an. Von Felanitx sind es kaum mehr als 10 km zur Ostküste. Am malerischen Hafen von **Portocolom** › S. 123 kann man den Tag ausklingen lassen und dann die Rückfahrt entlang der Küste nach Portocristo antreten.

7. Tag: Unterwegs im flachen Süden mit Salinen, schönen Häfen und Traumstränden. Bis hinter **Llucmajor** › S. 133, dem Ausgangspunkt der Tagestour, führt die Verlängerung der Flughafenautobahn, die dann in eine Landstraße nach **Campos** › S. 131 übergeht. Die historischen Innenstädte der beiden Orte sind besonders an den Markttagen sehenswert. In **Santanyí** › S. 127 begeistert die Architektur prächtiger Häuser aus Sandstein, im nur 5 km entfernten Fischerhafen **Cala Figuera** › S. 128 die malerische Bucht. Ein Spaziergang um den Hafen ist ein Vergnügen. Nochmals über Santanyí führt der Weg nach **Ses Salines** › S. 129 mit dem riesigen Kakteengarten **Botanicactus** › S. 129 und nach **Colònia de Sant Jordi** › S. 129, dem einzigen Urlauberzentrum des Südens. Je nach Wetter und Jahreszeit ist der Traumstrand ***Es Trenc** › S. 130 idealer Badestopp oder herrlich für einen Spaziergang. Im Hinterland wird in den einzigen Salinen Mallorcas immer noch Salz gewonnen. Weiter auf der Landstraße in Richtung Palma liegt das Talaiot-Dorf **Capocorb Vell** › S. 132 auf dem verkarsteten Hochplateau: eindrucksvolle Zyklopenmauern und Siedlungsreste, deren Alter auf mehr als 3000 Jahre geschätzt werden. Genießen Sie am Abend noch die reizvolle Stimmung der malerischen Schlucht **Cala Pi** › S. 132, die tief in die mehr als 100 m hohe Steilküste eingeschnitten ist. Eine kleine Landstraße führt zurück nach Llucmajor.

1 Ausflugsklassiker ohne Auto

Palma › Sóller › Port de Sóller › Sóller › (Deià › Valldemossa) › Palma

Dauer:
1 Tag

Verkehrsmittel:
Von 8 bis 19.30 Uhr fahren 7 Züge von Palma (Pl. Espanya) nach Sóller, zurück von 7 bis 18.30 Uhr (www.trendesoller.com). Wer mit dem Auto zum Zug fährt und in Bunyola zusteigt, umgeht Palmas Stadtverkehr, vermeidet Parkplatzprobleme und spart Geld.

Die Straßenbahn mit dem Namen »Orangenexpress« pendelt solange die Züge verkehren zwischen Sóllers Bahnhof und seinem Hafen im 30-Minuten-Takt. Im Winter sind die Intervalle länger.

Wenigstens im Stundentakt (Hauptsaison) fahren die Boote ab Port de Sóller nach Sa Calobra, und zwar von 10 bis ca. 17 Uhr.

Ausflug als Paket bei Vall Sóller Services, Eusebi Estada 1 (am Sóller-Bahnhof in Palma), Tel. 971 754631, oder einen Tag vorher über www.vallsollerservices.com reservieren.

Schon seit den Anfängen des Tourismus auf Mallorca ist die Tour mit öffentlichen Verkehrsmitteln möglich. Wer auf eigene Faust unterwegs ist, sollte früh aufstehen, um mit dem ersten Zug der historischen Bummelbahn, genannt der »**Rote Blitz**«, nach **Sóller** › S. 87 aufzubrechen. Die Reise durch die Berge der Serra de Tramuntana im Salonwagen oder zweiter Klasse in dem vor fast 100 Jahren in Betrieb genommenen Zug ist ein Erlebnis. Vom Bahnhofsvorplatz in Sóller rattert eine fast genauso alte Tram, der »**Orangenexpress**«, mit teilweise offenen Wagen in Richtung Hafen über die Plaça de la Constitució mit dem Rathaus und zahlreichen Terrassencafés, schlängelt sich dann durch blühende Gärten und ausgedehnte Zitrusplantagen. Die Endstation befindet sich

Die schönsten Touren

in **Port de Sóller** › S. 88 gleich neben der Anlegestelle der Ausflugsboote, in die man umsteigt. Sie tuckern an der imposanten Steilküste entlang zu den Buchten von **Cala Tuent** und ***Sa Calobra** › S. 90. Hier kann man die Fahrt unterbrechen, um am Kiesstrand an der Mündung des **Torrent de Pareis** › S. 90 zu baden oder einfach nur die Sonne zu genießen, umgeben von einer spektakulären Felskulisse. Zurück in Port de Sóller besteht die Möglichkeit, mit dem Linienbus über das Künstlerdorf ***Deià** › S. 85 und *****Valldemossa** › S. 81 – auf zu Chopin! – nach Palma zurückzukehren und dabei einen weiteren Teil der **Serra de Tramuntana** kennenzulernen (letzte Abfahrt in Sóller, C. Son Salas, um 19.10 Uhr, Preis 3,60 €, vom Hafen Port de Sóller 3,95 €).

Touren in den Regionen

Touren	Region	Dauer	Seite
Historische Altstadt	Palma	2 Std.	47
Shopping im Zentrum	Palma	2 Std.	54
Stadt am Meer	Palma	2 Std.	57
Panoramatour im Westen	Südwesten	1 Tag	67
Bootstour entlang der Küste	Südwesten	2–5 Std.	69
Auf den Spuren berühmter Gäste	Serra de Tramuntana	1 Tag	77
Wanderung durch die Zitrushaine	Serra de Tramuntana	2–3 Std.	78
Durch die Berge ans Meer	Serra de Tramuntana	1 Tag	79
Über die Südhänge der Serra	Serra de Tramuntana	1 Tag	80
Zum Cap de Formentor	Norden	1/2 Tag	97
Den Römern auf der Spur	Norden	1/2 Tag	98
Streifzug durch das Vogelparadies	Norden	2–3 Std.	99
Von Burg zu Burg	Norden	1 Tag	100
Kunstperlen und Tropfsteinhöhlen	Südosten	1/2 Tag	116
Gipfelpunkte im Südosten	Südosten	1/2 Tag	117
Wege in die Vorzeit	Südosten	1/2 Tag	119
Bootstour zum Meeresnationalpark Cabrera	Südosten	1 Tag	119

Klima und Reisezeit

Mallorca liegt im Bereich des subtropischen Mittelmeerklimas. Außerdem hält die parallel zur Küste im Nordosten verlaufende Serra de Tramuntana viele Schlechtwetterfronten vom Inselsüden und Osten fern. Die Sommer sind trocken und heiß, die Winter mild und feucht. Nur selten fällt das Thermometer unter 0 °C. Im November und April ist mit starken Niederschlägen zu rechnen. Die Monate Juni, Juli und August sind dagegen praktisch regenfrei.

Mallorca ist das ganze Jahr über ein attraktives Reiseziel, für einen Wander- und Aktivurlaub speziell zur Zeit der Mandelblüte (Ende Januar/Anfang Februar) sowie im Frühjahr. Ab Anfang Juli wird es heiß, im August steigen die Temperaturen bei hoher Luftfeuchtigkeit bis auf 40 °C.

Der September hat ein angenehmes Klima, abgesehen von typischen Herbststürmen, die bisweilen zu Überschwemmungen führen. Trotzdem eignet sich der Herbst zum Wandern und Baden – von Mai bis in den November hat das Meer ideale Temperaturen zum Schwimmen.

Im Dezember wird es kühl, der Winter ist dennoch mild, Schneefall eine Ausnahme – und eine Sehenswürdigkeit. Die nicht seltene Periode windstiller, milder Tage nach Weihnachten, die sog. *calmes de gener,* nennen die Einheimischen auch *pequeño verano* (»kleiner Sommer«).

Die spanischen Schulferien (Ende Juni bis Mitte September) haben kaum Einfluss auf die Hotelbuchungen, es sind vielmehr die Ferien in Deutschland und Großbritannien, die sich auf die Belegung der Unterkünfte auswirken. Extrem gut gebucht sind die Ostertage und die Sommermonate von Juli bis September. In den Wintermonaten haben manche Hotels geschlossen, andere bieten Sparpreise an.

Anreise und Reisen auf Mallorca

Anreise
Rund 90 % aller Besucher kommen per Charterflug am Flughafen **Son Sant Joan** (12 km südöstl. von Palma, http://www.aena-aeropuertos.es) an und werden mit Bussen zu ihren Urlaubsorten gebracht. Individualreisende, die nicht unmittelbar am Flughafen ein Auto mieten, können mit einem Shuttlebus (ca. 2 €) ins Zentrum der Hauptstadt fahren.

Die Anreise mit dem eigenen Auto lohnt sich erst bei einem mehrwöchigen Inselaufenthalt, da die Kosten für Autobahn und Fähre (ab Barcelona) ziemlich hoch sind.

Auf Mallorca unterwegs mit dem Mietwagen
Die Mietwagenpreise variieren je nach Saison, liegen meist aber unter deutschem Niveau, besonders bei Buchung über das Internet. Die **Verkehrsregeln** unterscheiden sich kaum von denen in Deutschland. Bei Alkohol gilt die 0,5-Promille-Grenze und die Geldbußen sind happig.

In vielen Ortszentren, etwa in Palma oder Sóller, ist das **Parken** tagsüber (meist auf 2 Std.) begrenzt, in den *Zonas azules* (Blauen Zonen) kostenpflichtig (Parkscheinautomaten). Mehr als 20 Parkhäuser stehen in Palma zu Verfügung (bequem für die Altstadt das am Parc de Mar).

Das dichte **Straßennetz** ist regional unterschiedlich ausgebaut. Autobahnen und Schnellstraßen verbinden die größeren Städte mit Palma. Die kurvigen Nebenstrecken sind jedoch teilweise in schlechtem Zustand, was ein umsichtiges und nicht zu schnelles Fahren erfordert. Gerade auf unübersichtlichen Strecken führt die brisante Mischung aus tempofreudigen Städtern, landesunkundigen Touristen und den eher behäbig dahinzuckelnden Leuten vom Land bisweilen zu gefährlichen Situationen. Die Empfehlung: defensiv fahren, ohne die anderen durch Bummeln oder Anhalten an unangebrachten Stellen zu behindern.

Unterwegs mit Taxi, Bus und Bahn
Im Gegensatz zu den Pauschalen bei Überlandfahrten wird bei **Taxis** im Großraum Palma nach Taxameter abgerechnet. Zum Hafen oder Flughafen werden Aufschläge erhoben, gleichfalls für großes Gepäck.

Ein Ausflug nach Palma lässt sich bequem mit öffentlichen **Bussen** organisieren. Querverbindungen sind selten und zeitaufwendig.

Abgesehen von der historischen **Sóller-Bahn** › S. 14 kann man zwischen Palma und dem Inselinneren mit den Zügen der staatlichen SFM-Bahn pendeln. Die Strecke Palma–Inca wurde bis nach Sa Pobla und Manacor (über Sineu und Petra) erweitert. Die modernen Dieselzüge verkehren im Stundentakt.

Special][Kinder

Special

Unterwegs mit Kindern

Feinkörniger Sand und angenehme Wassertemperaturen sind auch für Kinder das Schönste auf Mallorca. Viele Strände fallen sanft ins Meer ab und sind daher für die Kleinen ideal zum Spielen und Plantschen. Solche Strände findet man in der Bucht von Alcúdia, an der Platja de Palma, im Süden bei Es Trenc und im Nordosten bei Cala Millor. Auch kleinere Buchten wie die von Santa Ponça oder die Cala Mesquida bei Cala Rajada bieten diese Vorzüge.

Die Tage ausgelassenen Strandvergnügens lassen sich mit spannenden Aktivitäten abrunden, sei es ein Ausflug in einen Naturpark, der Besuch eines Aqua-Parks oder der Delfinschau in Marineland. Die Eintrittspreise haben ein relativ hohes Niveau erreicht, sodass ein Familienausflug ganz schön ins Geld gehen kann. Die Kosten lassen sich jedoch mit eigener Verpflegung und Getränken in Grenzen halten, und mit guter Planung können die Attraktionen zeitlich optimal genutzt werden.

Wasserparks (nur im Sommerhalbjahr)

Bei den drei erstgenannten Spaßbädern spart man 10 % des Eintrittsgeldes, wenn die Karten online kauft: www.aspro-ocio.com. Öffnungszeiten: meist 10–18 Uhr.

■ **Aqualand**
S'Arenal, Straße nach Cap Blanc
www.aqualand.es
Größter Wasserpark auf der Insel mit vielen Rutschbahnen und Wellenbad.
Erw. 24 €, Kinder ab 3 Jahre 16 €.

■ **Westernpark**
Magaluf
Landstraße nach Cala Figuera
www.westernpark.com
Wasserrutschen kombiniert mit Westerndorf, Saloons und Restaurants.
Erw. 25 €, Kinder 4–12 Jahre 16,50 €.

Special][Kinder

- **Marineland**
  Portals Nous][www.marineland.es
  Maritimer Tierpark mit Robben, Haien, Schildkröten und anderen Tieren. Highlight ist die Delfinschau. Erw. 22,50 €, Kinder 4–12 Jahre 16,50 €.
- **Hidropark**
  Port d'Alcúdia][www.hidropark.com
  Kleinerer Wasserpark mit Rutschen und schöner Liegewiese (Bild rechts). Erw. 19 €, Kinder 3–11 Jahre 11 €.

Tierparks

- **Natura Parc**
  Santa Eugenia][www.naturaparc.net
  Tierpark mit vielen einheimischen Arten und Streichelzoo. Tgl. 10–18 Uhr; Erw. 9 €, Kinder 3–12 Jahre 6 €.
- **Safari Zoo**
  Landstraße Portocristo–Son Servera
  www.safari-zoo.com
  Wildgehege mit afrikanischen Tieren wie Zebras, Antilopen, Affen und Giraffen. In geschlossenen Gehegen leben Löwen, Nilpferde und Elefanten. Durchfahrt im eigenen Auto oder im Safari-Express. Tgl. 9–18.30, Winter 10–16 Uhr; Erw. 17 €, Kinder bis 12 Jahre 11 €.
- **La Reserva Puig de Galatzó**
  4 km außerhalb von Puigpunyent
  www.lareservamallorca.com
  Berg-Naturpark mit Tiergehegen. Tgl. 10–18/19 Uhr, Einlass bis 2 Std. vorher. Erw. 12,50 €, Kinder 3–12 Jahre 6,25 €. Adventure-Paket mit Klettern im Hochseilgarten € 26,50 › S. 71.
- **Palma Aquarium**
  Platja de Palma
  www.palmaaquarium.com
  Aquarium mit 55 Becken und mehr als 8000 Meeresbewohnern, umgeben von dschungelartigen Grünzonen mit Teichen und Spielplatz. Durch das »Big Blue«-Becken führt ein Glastunnel zur Haibe-

obachtung. Tgl. 10–18.30, Winter 10–16.30 Uhr; Erw. 20,50 €, Kinder 4–12 Jahre 16 €, Anfahrt mit den Buslinien 15, 17 und 23 ab Palma.

Themengebäude und Museen

Im mysteriösen, auf dem Kopf stehenden **House of Katmandu** in Magaluf, dem Nachbau eines tibetischen Tempels, regen interaktive Abenteuer die Fantasie an. Ein 4D-Kino und eine 36-Loch-Minigolfanlage ergänzen das Angebot.

Daneben wird Kindern der Besuch des **Spielzeugmuseums** in **Sa Pobla** › S. 108, der Fincamuseen **Els Calderers** › S. 135 und ****La Granja** › S. 72 oder der mystisch beleuchteten **Tropfsteinhöhlen** von **Portocristo** › S. 121, **Artà** › S. 111 oder **Campanet** › S. 106 Spaß machen.

- **House of Katmandu**
  Magaluf][www.katmandupark.com
  Juni–Sept. tgl. 10–24, sonst bis 22 Uhr.

Sport und Aktivitäten

Mallorca bietet für Aktivurlauber rund ums Jahr und gerade auch außerhalb der Sommersaison eine Fülle von Möglichkeiten. Obwohl die Entfernungen auf der Insel nicht groß sind, sollte man Interessen für besondere Aktivitäten bei der Wahl des Urlaubsstandorts nicht außer Acht lassen.

Badeurlaub

Eines steht außer Frage: Die Strände sind die größte Attraktion der Insel. Von Mai bis November dauert die Saison, wobei im Sommer die Wassertemperaturen bis auf knapp 30 °C ansteigen. Der Charakter der Küste wechselt rund um die Insel. Die langen, weit geschwungenen Buchten bei Palma, an der Süd- wie auch an der Nordküste bieten sanft abfallende Strände und jede Menge Sand. Die engen Cales im Osten locken mit versteckten, kleinen Sandarealen, und für gute Schwimmer findet sich immer ein schönes Plätzchen in den oft nur auf den ersten Blick abweisenden Kippen und Steilküsten.

Wassersport

Das Meer um Mallorca ist ein ideales Revier für Wassersport. In allen größeren Ferienorten werden Boote und Surfbretter verliehen. Auch Wasserski und Parasailing gehören zum Angebot. Die Flotten der Segelschulen reichen von der Jolle bis zum Katamaran. Auf kurzen

Noch unverbaut: die Cala Sa Nau nördlich von Cala d'Or

Sport und Aktivitäten

Segeltörns kann jeder Hobbykapitän schöne Buchten entdecken; einer der rund 40 Sporthäfen ist meist nicht weit. Sehr gefragt sind Törns von Norden aus entlang der Ostküste, die vom Wasser aus unvergleichliche Panoramen bietet.

Wassersportschulen, auch unter deutscher Leitung – mit Unterricht in Segeln, Surfen und Tauchen – gibt es z.B. in Port d'Andratx, Port de Pollença und Port d'Alcúdia.

Größere Jachten (mit und ohne Skipper) können beispielsweise über **Bavaria Charter** in Palma, gechartert werden (Club de Mar, Tel. 971 707398, www.bavaria-charter.com).

Für **Taucher** ist die Küste bei Sant Elm › S. 75 im äußersten Südwesten ein Paradies, auch rund um die Halbinsel Victoria im Norden finden sich abwechslungsreiche Reviere. Erkundungen im Ostens ermöglicht die Tauchbasis in Portocolom. Die Nordwestküste ist infolge starker Strömungen gefährlich.

Golf

Golfern bietet Mallorca ein herrliches Terrain. Insgesamt 24 Golfplätze sind derzeit ganzjährig bespielbar. Groß ist die Auswahl rund um Palma und im Südwesten. Im Nordosten konzentrieren sich mehrere Plätze auf der Halbinsel von Artà.

Detaillierte Informationen über die Plätze und Turniere erhält man bei der **Federación Balear de Golf,** Palma, Tel. 971 722753, www.fbgolf.com.

Strände vom Feinsten

- **Portals Vells:** drei kleine Sandbuchten in der Nähe des Casinos von Mallorca › S. 70.
- **Sant Elm:** Der kleine Fischerort im äußersten Südwesten der Insel bietet mehrere Strände – mit Kies, Sand und Fels › S. 75.
- **Cala de Deià:** eine spektakuläre Schlucht, von steil aufragenden Felswänden umgeben › S. 86.
- **Torrent de Pareis:** von Klippen umrahmter Kiesstrand, erholsam nach der Serpentinenfahrt – oder bequemer mit dem Schiff von Port de Sóller aus über Sa Calobra zu erreichen › S. 90.
- **Cala Figuera:** von Pinien gesäumter Sandstrand; der etwas mühsame Abstieg wird mit einem erfrischenden Bad in türkisfarben schillerndem Wasser belohnt › S. 97.
- **Cala Torta:** feiner, weißer Sandstrand, eingerahmt von Felsen und Pinienwäldern nahe Artà › S. 109. Etwas beschwerliche Anfahrt.
- **Cala Mesquida:** beliebter Sandstrand mit Dünenlandschaft bei Cala Rajada, sehr breit und – wunderbar für Kinder – flach abfallend › S. 113.
- **Cala Romàntica:** eine der zahlreichen fjordartigen Felsbuchten mit Sandstrand an der Südostküste, nahe Portocristo › S. 121.
- **Cala Mondragó:** Zu dem Naturschutzgebiet gehören drei Buchten und das Hinterland bei Santanyí, herrlich vor allem die ursprüngliche Platja S'Amarador › S. 127.
- **Es Trenc:** einer der längsten Sandstrände Mallorcas vor einer weiten Dünenlandschaft › S. 130.

Spa- und Wellnesstempel

- **St. Regis Mardavall Resort**
Son Caliu–Palmanova][Palma
Passeig Calviá s/n][Tel. 971 629629
www.starwoodhotels.com
Luxuriöse Hotelanlage im mediterranen Stil. 4700 m² großer Spa- und Wellnessbereich auf Mallorca. ●●●

- **Valparaíso Palace**
C. Francisco Vidal Sureda 23][Palma
Tel. 971 400300
www.grupotelvalparaiso.com
Grandiose Wasserlandschaft mit Wellness, von der Kneippanwendung bis zur Aromadusche. Sehr romantisch eingerichtete Zimmer. ●●●

- **Mariott Son Antem**
Ctra. MA 19 Palma–Llucmajor
Ausfahrt 20][Tel. 971 129100
www.marriott.com
Anspruchsvolle Anlage mit großem Wellnessangebot. Das Hotel liegt direkt an zwei Golfplätzen. ●●●

- **Gran Hotel Son Julia**
Ctra. MA 19 Palma–Llucmajor
Ausfahrt 22][Tel. 971 669700
www.sonjulia.com
Edles Boutiquehotel in einer Villa aus dem 15. Jh. mit erstklassigem kleinen Spa- und Wellnessbereich. ●●●

- **Son Amoixa Vell**
Ctra. Manacor–Cales de Mallorca
km 12,2][Tel. 971 846292
www.sonamoixa.com
Schickes Landhotel, individuell abgestimmte Wellnessprogramme. ●●●

- **Protur Biomar Gran Hotel & Spa**
C. Baladres 5][Sa Coma
Tel. 971 812010
www.protur-hotels.com
Neue Fünf-Sterne-Hotelanlage; Thermalbad mit Hydro-Parcours. ●●●

Wandern und Bergsteigen

Die schönste Zeit zum Wandern ist das Frühjahr, wenn die Natur erwacht und Tausende Wildblumen blühen. Die Serra de Tramuntana, aber auch andere Regionen wie die Halbinsel von Artà bieten interessante Routen. Entsprechende **Ausrüstung** und **Kleidung** sind ebenso wichtig wie gute **Wanderkarten** und **-führer,** wenn man auf eigene Faust unterwegs ist. Einige Veranstalter bieten geführte Wanderwochen an.

Bei den örtlichen Verkehrsbüros erhält man Routenvorschläge und die Adressen von Wandervereinen und Bergführern.

Spa und Wellness

Aufgrund der stark gestiegenen Nachfrage haben zahlreiche Hotels der gehobenen Kategorien mit teils luxuriösen Spa- und Wellnesseinrichtungen auf den Trend reagiert. Den genussvollen Badespaß in Thermal- oder beheiztem Meerwasser ergänzen vielfältige Entspannungs- und Kosmetikangebote. Auch in feinen Landhotels und Ferienfincas lockt Wellness, sei es in Form spezifischer Einzelanwendungen oder von Tages- und Wochenprogrammen. Viele Hotel-Spas gestatten auch externen Besuchern gegen eine Pauschale den Zutritt.

In den letzten Jahren sind insbesondere in Palma **Day Spas,** meist in Verbindung mit einem großen Fitness-Studio, wie Pilze aus dem Boden geschossen. Sie sind frei zugänglich.

Special

Radeln über Berg und Tal

Radfahrer finden auf Mallorca alle Schwierigkeitsgrade. Die weiten Küstenstriche im Norden und das flache Inselinnere sind ohne Anstrengungen zu bewältigen. Wer die landschaftlich reizvolle Nordwestküste abfahren will, braucht eine gute Kondition.

Radsportprofis und -teams aus dem In- und Ausland nutzen das milde Frühlingsklima auf Mallorca, um sich auf die Sommersaison vorzubereiten. Aus Santa Margalida stammt der Tour-de-France-Fahrer Toni Tauler und aus Porreres der Radrennfahrer Joan Llaneras, mehrfacher Medaillengewinner bei den Olympischen Spielen in Sydney, Athen und Peking sowie fünffacher Weltmeister.

Einer der beliebtesten Radlertreffs ist die Bucht von Alcúdia, in der sich nicht nur die Profis versammeln, sondern auch Anfänger und weniger Geübte ein ideales Terrain finden.

Gut zu wissen!

- **Beste Reisezeit:** Februar–Mai; im Sommer wird es zu heiß, im Herbst häufig regnerisch.
- **Radtransport im Flugzeug:** Gegen Gebühr (20–30 €) möglich, allerdings sollte man frühzeitig buchen und eine Zusatzversicherung abschließen.
- **Radtransport in der Inselbahn:** Auf der Strecke Palma–Sóller im Gepäckwagen möglich, in der SFM-Bahn nur in bestimmten Zügen.
- **Radverleih** (Rennräder, Mountainbikes) in allen größeren Ferienorten.
- **Tipps** für schöne Fahrradwege in der Umgebung und Routenvorschläge erhält man bei den örtlichen Verkehrsämtern.
- **Spezialkarten**: Kompass Wander-, Rad- und Freizeitkarte (1 : 75 000) oder die Mallorca Biking Radtourenkarte (Bielefelder Radkarten; 1 : 100 000).

Special][Radfahren

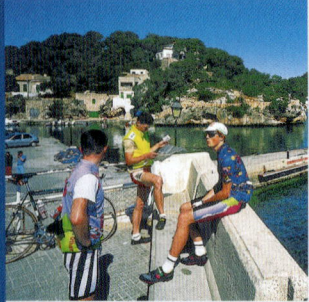

Weiterführende Lektüre (Auswahl):

- **Mallorca – Insel des Radsports** von Christoph Elbern und Max Hürzeler (Delius Klasing 2007)
- **Rennradfahren auf Mallorca** von Thomas Mayr (Delius Klasing 2007)
- **Bikeline Radtourenbuch. Radatlas Mallorca** (Esterbauer 2005)

Organisierte Touren

- Mallorca-Biketours

Cala Rajada
Tel. 639 417796 oder 971 588268
www.m-bike.com
Geführte Tages- und Wochentouren mit dem eigenen oder dem Mietbike rund um Cala Rajada und im Gebiet von Alcúdia; auch Programme »Biken und Wandern«.

- Mallorca Aktiv GmbH

Weil der Stadt–Merklingen
Tel. (0 70 33) 53 75 97
www.mallorca-aktiv.de
Das Bicycle-Team von Max Hürzeler organisiert geführte Touren sowie Programme für Individualisten. Der Veranstalter besitzt 1000 Top-Mieträder und Vertragshotels, die mit Radkeller und kohlehydratreicher Kost speziell auf Fahrradgäste eingerichtet sind.

- Easy Tours GmbH

Holzgerlingen][Tel. (0 70 31) 41 06 80
www.easy-tours.de
Radferien aller Schwierigkeitsgrade, auch Radsportschule für Jugendliche auf Mallorca (meist Ostern).

Tourenvorschläge

- **Port de Pollença › Alcúdia › Pollença › Cala Sant Vicenç › Port de Pollença** (33 km). Ausgesprochen ebene Strecke; idealer Einstieg für Untrainierte.
- **S'Arenal › Camí de Sa Torre › Llucmajor › Capocorb Vell › Cap Blanc › S'Arenal** (60 km). Von der Bucht von Palma ins Landesinnere ohne große Steigungen, auch für Hobby-Biker kein Problem.
- **Peguera › Camp de Mar › Port d'Andratx › Strand von Sant Elm › S'Arracó › Andratx › Peguera** (42 km). Die mittelschwere Strecke bietet Meerblick und abwechslungsreiche Landschaften; zahlreiche Steigungen!
- **Port de Pollença › Cap de Formentor › Port de Pollença** (40 km). Die Tour zum Nordzipfel Mallorcas bietet schöne Ausblicke auf bizarre Felsformationen; wegen der zahlreichen Serpentinen und Anstiege nur für gut Trainierte geeignet.
- **Pollença › Andratx** auf der Tramuntana-Bergstraße, mit Abstechern nach **Sa Calobra** und **Port de Valldemossa** (100 bis 150 km). Ein Highlight für die absoluten Könner! In der Vorsaison zu empfehlen.

Unterkunft

Mehr als 2000 Hotels aller Preiskategorien, Pensionen und Apartmentanlagen bieten rund 300 000 Gästebetten. Fast 90 % aller Urlauber nutzen eines der vielen Pauschalpakete. Ohne feste Reservierung anzureisen ist in der sommerlichen Hauptsaison kaum ratsam, da die Kapazitäten dann voll ausgeschöpft werden. Zu anderen Zeiten findet man spontan vor Ort Unterkunft, auch wenn sich eine Buchung über das Internet anbietet, da viele Häuser in der Nebensaison mit Sondertarifen um Gäste werben.

Wer das Besondere sucht, sollte sich das Angebot der **Reis de Mallorca** (www.reisdemallorca.com) ansehen. Unter dem Logo der »Könige von Mallorca« hat sich eine Gruppe außergewöhnlicher Hotels – mal städtisch, mal ländlich – zusammengeschlossen.

Mehr als 100 historische Landgüter, Weinkellereien, Dorfgasthöfe und Stadtpaläste bieten Ferien im »anderen« Mallorca. Die meisten der interessanten Anwesen sind Mitglieder der **Associació Agroturisme Balear**, Tel. 971 721508, www.topfincas.com.

Preiswert übernachten

Für junge Leute interessant sind die beiden **Jugendherbergen** an der Platja de Palma und auf der Halbinsel La Victoria bei Alcúdia: **Albergue Juvenil Platja de Palma**, C. Costa Brava 13, Tel. 971 260892, und **Albergue Juvenil La Victoria**, C. viejo de La Victoria, Km 4,9, Tel. 971 545395, beide erst ab Mitte März geöffnet, Reservierungen unter reserves@ibjove.caib.es.

Der einzige offizielle **Campingplatz** gehört zum großen Freizeitgelände beim Kloster Lluc im Tramuntana-Gebirge › S. 91. V. a. Wanderer und Biker schätzen die günstige Übernachtungsmöglichkeit. Wer im Sommer, an Ostern oder Pfingsten hier zelten möchte, sollte rechtzeitig einen Stellplatz reservieren (Tel. 971 517083, casamitger@espaisnb.caib.es).

Fincas im Trend ⟶ Echt gut!

- **Ca 'n Ai**: herrschaftliches Anwesen im Tal von Sóller › S. 88
- **Balitx d'Avall**: in einem einsamen Tal bei Lluc › S. 89
- **Son Palou**: Ländlich und dennoch elegant, in Orient › S. 93
- **Predio Son Serra**: altes Gehöft, neue Bungalows bei Muro › S. 108
- **Refugio Son Pons**
  Campanet-Ullaró
  Tel. 971 516837
  www.refugiosonpons.com
  Kleines Gut aus dem 13. Jh., geschmackvoll modernisiert. •••
- **Finca Son Siurana**
  Ctra. Palma–Alcúdia, km 45
  Tel. 971 549662
  www.sonsiurana.com
  Sehr gut ausgestattete Wohnungen auf einem Gutshof des 18. Jhs. ••

Land & Leute

Steckbrief][Geschichte im Überblick][
Natur und Umwelt][Kunst und Kultur][
Feste und Veranstaltungen][Essen und Trinken

Steckbrief
Mallorca

Landesvorwahl: 00 34
Währung: Euro (€)
Zeitzone: MEZ mit Sommerzeit von Ende März bis Ende Oktober

Fläche: 3684 km²
Küstenlänge: 554 km
Hauptstadt: Palma de Mallorca
Amtssprachen: Spanisch (Castellano) und Katalanisch (Català)
Einwohner: knapp 800 000
Stadt-/Landbevölkerung: 60 Prozent bzw. 40 Prozent

Lage
Mallorca ist die größte Insel im Archipel der Balearen, die im westlichen Mittelmeer südöstlich von Barcelona liegen, etwa 200 km vom Festland entfernt.

Bevölkerung
Ein wesentlicher Teil der Bevölkerung lebt in der Hauptstadt Palma und an der Küste des Südwestens. Welten liegen zwischen den Feriengebieten und dem Inselinnern. Dort lassen sich die bodenständigen Mallorquiner von nichts und niemandem aus der Ruhe bringen. Während der Sommersaison jedoch werden viele Helfer gebraucht. Rund 130 000 Saisonarbeiter – vor allem aus Andalusien und Galicien – wurden in den 1960er- und 1970er-Jahren auf Mallorca ansässig. Heute werden Nordafrikaner, Südamerikaner sowie Neuzuwanderer vom Balkan als Bauarbeiter und Erntehelfer beschäftigt. Den relativ großen Einwanderergruppen aus dem deutschsprachigen (ca. 60 000) und britischen Sprachraum (ca. 45 000) stehen fast ebenso viele Zuwanderer aus Nordafrika und Südamerika gegenüber. Der Anteil der Ausländer nähert sich der 20-Prozent-Grenze. Aufgrund der großen Zahl der deutschsprachigen Residenten entstand eine eigene Infrastruktur mit deutschen Ärzten, Handwerkern usw.

Politik und Verwaltung
1978, drei Jahre nach dem Tod des spanischen Diktators Francisco Franco, verabschiedete Spanien eine neue Verfassung, die einen

Steckbrief

Staat mit 17 autonomen Regionen festschrieb. Eine von ihnen ist die *Comunitat Autònoma de les Illes Balears*. Ihre Regierung besitzt eigene Kompetenzen in den Bereichen Kultur, Tourismus, Umwelt, Gesundheitswesen und Soziales.

Das Parlament der Balearen hat seinen Sitz in Palma. Mehr als 50 Prozent der Abgeordneten kommen von Mallorca. 2007 verbannte eine Koalition kleiner Parteien zum zweiten Mal nach 1999 die machtverwöhnten Konservativen des Partido Popular (PP) in die Opposition – und das auf allen wichtigen politischen Ebenen: Balearenregierung, Inselrat Mallorca, Stadtverwaltung Palma. Seit Mai 2011 sind aber wieder die Konservativen am Ruder. Balearenpräsident wurde José Ramón Bauzá, vormals Bürgermeister von Palmas Nachbargemeinde Maratxi; Palmas Stadtoberhaupt heißt Mateo Isern.

Verwaltungstechnisch ist Mallorca in die Kreise Tramuntana, Es Raiguer, Es Pla, Migjorn und Llevant unterteilt, die wiederum aus 53 Gemeinden bestehen.

Wirtschaft

Der einst bedeutende Fischfang spielt keine große Rolle mehr. Das Meer um die Balearen ist ziemlich leer gefischt. Um die Nachfrage zu decken, werden Fisch und Meeresfrüchte vom Festland, aus Südamerika und Afrika eingeführt.

Im Zentrum der Insel, dem Pla de Mallorca, bestellen die Bauern zwar noch das Land. Doch die Agrarwirtschaft ist kein einträgliches Geschäft mehr, sodass Landwirte dazuverdienen müssen, etwa im Baugewerbe oder durch die Vermietung an Feriengäste. Die Milchwirtschaft beschränkt sich auf den Süden um Campos. Tradition hat die Schweinezucht – auch für die Herstellung der Wurstwaren *sobrassada, botifarró* und *llonganissa*. Wurst, Käse, Wein, Olivenöl, Kräuterliköre sowie Mandeln, Zitrusfrüchte und Kartoffeln gehören zu den Exportgütern. Die Balearen verzeichnen ein klares Handelsdefizit, die Einfuhren übersteigen die Ausfuhren um ein Vielfaches.

Durch den Massentourismus ist die Fremdenverkehrsindustrie mit gut 65 % Anteil am BIP zum wichtigsten Wirtschaftsfaktor angewachsen. In knapp 50 Jahren wandelte sich Mallorcas Agrargesellschaft zu einer Dienstleistungsgesellschaft. Die Kinder der Bauern verlassen ihr Land, um an der Küste bequemere und besser bezahlte Arbeit zu suchen.

Rauchende Schornsteine gibt es kaum. Regierung und Unternehmer versuchen, neben dem Tourismus die saubere Elektronikindustrie zu etablieren. Im Rahmen dieser Bemühungen ist vor den Toren Palmas nahe der Universität der innovative Technologie-Park »Bit« entstanden. Ein ähnliches Projekt wird in Inca vorangetrieben. Im Bereich der Kleinindustrie ist die Lederverarbeitung heute der wichtigste Wirtschaftszweig, der führende Standort Inca mit zahlreichen Fabriken für Schuhe und Lederbekleidung.

Geschichte im Überblick

Ab ca. 4000 v. Chr. Altsteinzeitliche Begräbnishöhlen sind früheste Zeugnisse einer Besiedlung.
2000–1300 v. Chr. Vortalaiotikum, Bau von sog. Navetes (Wohn- und Begräbnisstätten).
1300–123 v. Chr. Entstehung von Talaiot-Siedlungen mit Zyklopenmauern und Wachtürmen (z. B. Ses Païsses). Handelsbeziehungen mit Phöniziern, Karthagern und Griechen.
123 v. Chr. Landung der Römer unter Quintus Caecilius Metellus.
1.–5. Jh. n. Chr. Blütezeit der Insel unter römischer Herrschaft; erste Ausbreitung des Christentums. Gründung der Städte Pollentia und Palma. Einführung der Oliven- und Weinkultur sowie der Salzgewinnung.
426–534 Eroberung Mallorcas durch die Vandalen.
534 Die Byzantiner gliedern die Balearen ihrem Reich ein.
707 Invasionsversuche arabischer Piraten setzen ein.
902 Die Mauren unter Al-Hawlaní ergreifen endgültig Besitz von der Insel. Mallorca wird in das Kalifat von Córdoba integriert.
902–1229 Blütezeit unter der Herrschaft der Mauren, die Kultur und Landwirtschaft fördern (Bewässerungssysteme/Terrassenfeldbau).
1229 Eroberung durch Jaume I., König von Aragón. Neubesiedlung der Insel durch Aragonesen und Katalanen.
1276 Jaume I. stirbt. Gründung des Königreichs Mallorca durch seinen Sohn Jaume II.
1311 Sanxo, Sohn von Jaume II., wird König von Mallorca.
1324 Jaume III. besteigt den Thron. Palmas Hafen entwickelt sich zum wichtigsten im gesamten Mittelmeerraum.
1349 Eroberung Mallorcas durch den König von Aragón. Der letzte König Mallorcas, Jaume III., fällt in der Schlacht von Llucmajor.
14. Jh. Beginn der Judenverfolgung durch die Inquisition.
15. Jh. Vergabe von Handelsprivilegien; Palmas Hafen gewinnt weiter an Bedeutung.
1479 Vereinigung der beiden Königreiche Kastilien und Aragón durch die Heirat der Thronerben Isabella und Ferdinand.
1492 Entdeckung Amerikas. Mallorca verliert an wirtschaftlicher Bedeutung.
16. Jh. Piratenüberfälle türkischer und algerischer Korsaren. Die Bevölkerung schützt sich mit dem Bau von Wachtürmen, Burgen und befestigten Bauernhöfen im Innern der Insel.
1700 Mallorca wird in den Spanischen Erbfolgekrieg verwickelt.
1812 Die Insel gibt sich eine eigene Verfassung.
19. Jh. Der Weinanbau ist wichtigster Wirtschaftszweig, die Weine werden selbst nach Südamerika exportiert. Bis der Reblaus (Filoxera) fast alle Weingärten

Natur und Umwelt

zum Opfer fallen – und der Niedergang der Weinkultur eine Welle der Auswanderung auslöst. Viele Mallorquiner suchen ihr Glück in Übersee – »hacer las Américas« scheint ein Ausweg aus der Misere. Einige kehren wohlhabend auf ihre Heimatinsel zurück und beleben die Wirtschaft. Die meisten Winzer werden wieder Bauern und kultivieren Mandeln und Johannisbrot.

1936–1939 Spanischer Bürgerkrieg. Mallorca fällt fast kampflos an die putschenden Militärs. Rund 3000 politische Gegner werden von den Faschisten ermordet, darunter auch Emili Darder, der Bürgermeister von Palma.

1960 Mit dem Bau des Flughafens setzt der Tourismus ein.

1983 Die Balearen erhalten ihren Autonomiestatus, Katalanisch wird zweite Amtssprache.

2002 Der Euro löst die Peseta ab.

2006 Das Parlament der Balearen erarbeitet ein neues Statut der autonomen Region.

2007 Zum zweiten Mal nach 1999 regiert eine Regenbogenkoalition unter Führung der Sozialisten. Den Konservativen (PP), geschüttelt von Korruptionsfällen, bleibt nur die Opposition.

2008 Im Juli wird Mallorcas erste U-Bahn von Palmas Zentrum zur Universität in Betrieb genommen.

2010 In Palma wie auch in anderen Orten entstehen zahlreiche Radwege.

2011 Die Konservativen erobern die politische Macht auf allen Ebenen zurück.

Natur und Umwelt

Flora

Auf Schritt und Tritt ist man auf Mallorca von einer artenreichen Pflanzenwelt umgeben. Blühende Geranien, Bougainvilleen und Zistrosen umschlingen die Häuser; die blauen Blüten der Clematis ranken über Natursteinmauern; duftende Küchenkräuter wie Rosmarin und Thymian wachsen wild am Straßenrand. Feldwege sind von leuchtenden Mohnblumen gesäumt. Auf den Weiden setzen wilde Margeriten gelbe Akzente; stachelige Disteln sorgen für blaue Farbtupfer.

Ehemalige Waldflächen werden heute von Macchia bedeckt – mit Erdbeerbäumen, Lorbeer- und Mastixsträuchern. Reihen von großen Feigenkakteen dienen als Zäune. Wie silbergraue Ungetüme wachsen die knorrigen Olivenbäume auf den Terrassen an der Nordwestküste. Aleppokiefern erklimmen Höhen von bis zu 700 m; Steineichen können sogar in noch höheren Lagen überdauern. Ende Januar überziehen mehr als 6 Mio. Mandelbäume die Insel mit weißen Blütenwolken, während in den Gärten der großen Landgüter das ganze Jahr über

Zitrusfrüchte reifen auf Mallorca bis zu dreimal im Jahr

zauberhafte Zierpflanzen, dunkelgrüne Zypressen und mächtige Dattelpalmen ihren Charme entfalten.

Fauna

Ein Gecko auf einem warmen Stein – er könnte der erste Vertreter von Mallorcas Tierwelt sein, mit dem Besucher in Kontakt kommen. Wanderer werden vom Meckern halbwilder Schafe und Bergziegen begleitet, die im Gebirge herumklettern. Die Insellage aber bringt es mit sich, dass die Artenvielfalt nur bei Vögeln und Insekten gegeben ist. Über der

Die Kunst der Margers

Allgegenwärtig sind die hunderte von Kilometern langen Steinmauern, die im Inselinneren Felder und Viehkoppeln trennen. Diese traditionell trocken zusammengefügten Mauern entstanden aus Steinen, die von den Feldern gelesen wurden, um deren Bewirtschaftung zu erleichtern. Obwohl in der Neuzeit auch Beton und Mörtel verwendet werden, sind die meisten Mauern außerhalb von Ortschaften nach der traditionellen Methode errichtet. *Margers* heißen die Spezialisten, die die grob behauenen Steinbrocken kunstvoll ineinander verkeilen, um der Mauer einen festen Halt zu geben. Dieser jahrhundertealte Beruf drohte in den 1960er-Jahren auszusterben, nur einige Berggemeinden wie Sóller förderten das alte Handwerk. In den letzten Jahren erlebte der Beruf eine Renaissance. Inselrat und zahlreiche Gemeinden bieten Kurse und Ausbildungsplätze an. Die neuen Mauern werden jedoch noch lange Zeit brauchen, bis sie die typische grau-braune Patina zeigen.

Natur und Umwelt

Serra de Tramuntana kreisen Greifvögel, darunter der seltene Mönchsgeier und gelegentlich auch ein Adler. Stelzvögel und viele andere Vogelarten finden in den Sümpfen des Naturparks S'Albufera ausgezeichnete Lebens- und Nistbedingungen. Im Meeresnationalpark Cabrera vor der Südküste tummeln sich Delfine und Wasserschildkröten.

Umweltprobleme

Nennenswerte Flüsse gibt es auf der Baleareninsel nicht, aber zahlreiche *torrents*, Wasserläufe, die nach starken Regenfällen kräftig anschwellen und sonst allenfalls als Rinnsale existieren. Wasserknappheit und Waldbrände sind die ökologischen Hauptprobleme der Insel. Quellwasser sprudelt zwar in der Serra de Tramuntana an vielen Stellen aus dem Kalkgestein. In und um Palma haben die Einwohner aber ihre Not mit dem begehrten Nass, da der exzessive Verbrauch der Hotelkomplexe und die Bewässerung von Golfplätzen und Ackerflächen einen Wasserdauermangel verursachen.

Der Grundwasserspiegel sinkt seit Jahren und die Stauseen in den Bergen füllen sich nicht regelmäßig. Viele der zu stark ausgebeuteten Brunnen in den Ebenen sind durch nachsickerndes Meerwasser salzhaltig. Seit 1995 ist daher bei Son Tugores eine Grundwasserentsalzungsanlage in Betrieb. Eine Meerwasserentsalzungsanlage in Coll d'en Rebassa (bei Palma) wurde 1999 eingeweiht, kleinere folgten in der Bucht von Alcúdia und bei Andratx. Die Engpässe in der Wasserversorgung

Umweltschutzgruppe GOB

1973 wurde die Balearen-Umweltschutzgruppe GOB (Grup Balear d'Ornitologia i Defensa de la Naturalesa) ins Leben gerufen – sie ist die älteste in ganz Spanien. Mit Unterschriftensammlungen, Demonstrationen, engagierten Presseberichten und Prozessen gegen Umweltsünder hat sie das Bewusstsein der Bevölkerung über die mancherorts rasch fortschreitende und irreversible Verunstaltung der Landschaft geweckt. Die Feuerprobe bestand GOB Ende der 1970er-Jahre mit einer friedlichen Besetzung der Insel Dragonera an der äußersten Südwestspitze Mallorcas. Auf dem kargen Eiland sollte eine Mega-Urbanisation entstehen, was schließlich mit einer massiven Mobilisierung der Bevölkerung verhindert wurde. Sa Dragonera ist heute neben dem Feuchtgebiet S'Albufera, den Naturbuchten von Mondragó und S'Amarador und der Insel Cabrera, Spaniens erstem Meeresnationalpark, streng geschützt. GOB erreichte die Verabschiedung eines Gesetzes, mit dem 47 Gebiete der Insel als »besonders geschütztes, nicht bebaubares Land« klassifiziert wurden. Für die Einhaltung dieses oft verletzten Gesetzes und die Erweiterung der Schutzzonen formierten sich in Palma 1992 30 000 und 2004 gar 50 000 Demonstranten zu einem Protestzug.

sind durch eine große Versorgungsleitung aus den Bergen bei Sóller vorerst behoben. Positiv in der Wasserbilanz wirkt sich inzwischen aus, dass große Abwassermengen aufbereitet und der Landwirtschaft sowie Golfplätzen zugeleitet werden.

Busch- und Waldbrände scheinen der Fluch der letzten Jahre. 1994 erließ die Inselregierung strenge Verbote offener Feuer, und durch systematische Beobachtung der vor allem im Hochsommer gefährdeten Wälder sind Feuerwehren und fliegende Brandlöscher schneller an den Brandherden und können sie vielfach im Keim ersticken. Dennoch fallen jedes Jahr viele Hektar den Flammen zum Opfer.

Die Müllbeseitigung ist ein weiteres Problem. Früher wurde der Müll (über 400 000 t pro Jahr) auf Deponien abgeladen. Die Entsorgung – kombiniert mit einem teilweisen Recycling – ist nun zentralisiert. Neben der 1996 gegen den Widerstand von Umweltschutzgruppen in Betrieb genommenen Müllverbrennungsanlage entstand ein futuristisch anmutender Ökopark. Ferner wurden für Papier, Glas und Verpackungsmaterial inzwischen überall Sammelcontainer aufgestellt.

Kunst und Kultur

Architektur

Die ältesten Bauten Mallorcas hinterließ die Talaiot-Kultur (1300 bis 200 v. Chr.). Architektonische Reste aus der **Römerzeit** sind rund um die Städte Pollença ❯ S. 101 und Alcúdia ❯ S. 104 zu finden. Aus **maurischer Zeit** (bis 1229) stammen etwa der Almudaina-Bogen und die Banys Arabs (Arabische Bäder) ❯ S. 51 in der Altstadt von Palma.

In die **Zeit nach der christlichen Eroberung** unter König Jaume I. fiel die Errichtung bedeutender Sakral- und Profanbauten. In Palma entstanden die Kathedrale ❯ S. 48, das Seehandelsgericht ❯ S. 60 und die Seehandelsbörse ❯ S. 60. Großgrundbesitzer ließen sich im **18. und 19. Jh.** prächtige Gutshäuser bauen, in den Städten spiegeln repräsentative Paläste mit idyllischen Patios (Innenhöfe) die Wohlhabenheit von Adel und Großbürgertum.

Zu Beginn des 20. Jhs. fand der **katalanische Jugendstil** Resonanz auf der Insel. Herausragendes Beispiel ist das zu einem Kunst- und Kulturzentrum umgestaltete Gran Hotel ❯ S. 56. Die **Moderne** ging besonders an der Hauptstadt nicht spurlos vorbei, Palma hat sich in 100 Jahren verdreifacht. Um den historischen Kern haben sich fächerartig neue Viertel ausgebreitet, die im Gegensatz zur Altstadt gesichtslos wirken. Ästhetisch anspruchsvolle Architektur der Gegenwart aber entstand u. a. bei Museumsbauten wie dem Museu Es Baluard ❯ S. 60.

Zeitgenössische Architektur auf alten Fundamenten: Museu Es Baluard

Malerei

Von der **Gotik** bis zum **Barock** widmete sich die Malerei vorwiegend religiösen Themen und findet sich in Kirchen und Kunstsammlungen. Die Künstler späterer Jahrhunderte und der Gegenwart haben sich in erster Linie von den Naturschönheiten der Insel inspirieren lassen. So auch die Mitglieder der um 1900 entstandenen **Schule von Pollença,** der u. a. der in Barcelona geborene Hermen(gildo) Anglada-Camarasa (1871–1959) angehörte. In Paris durch Werke von Degas und Toulouse-Lautrec beeinflusst, greift er später die Farbtiefe der Fauves auf. Von 1914 bis zu seinem Tod lebte er in Pollença.

1945 siedelte der katalanische Maler und Bildhauer **Joan Miró** (1893–1983) auf die Insel über. Seine Werke entdeckt man auf Straßen und Plätzen der Hauptstadt, vor allem aber in der Fundació Pilar i Joan Miró › S. 64 am Stadtrand von Palma. Bekanntester Vertreter der jungen Avantgarde ist der 1956 in Felanitx geborene **Miquel Barceló.** Seine Neugestaltung der Petruskapelle in der Kathedrale von Palma mit einem riesigen Keramikrelief › S. 49 wurde zur künstlerischen Sensation.

Mehr als 40 Kunstgalerien sind ein weiterer Ausdruck der vielseitigen Kunstszene der Metropole › Special S. 38.

Musik

Auf Dorffesten spielen Orchester mit Flöten, Trommeln und Dudelsack zum Tanz auf. *Sa Xeremia* heißt der mallorquinische Dudelsack, der schon mehr als 600 Jahre hier verbreitet ist. Die Wurzeln des Liedguts

Kein Nachwuchsmangel bei Kapellen: Junge Musikerinnen aus Llucmajor

Ramon Llull

Der Schriftgelehrte, Philosoph und Theologe wird als berühmtester Sohn der Insel verehrt. Ramon Llull (latein. Raimundus Lullus), kam 1235 – kurz nach der Rückeroberung Mallorcas durch König Jaume I. – in Palma zur Welt und wuchs am königlichen Hofe auf. In seinen Jugendjahren führte Ramon ein ausschweifendes Leben; mit 30 wurde er jedoch durch eine Vision zur Religion bekehrt. Er entsagte allen weltlichen Freuden, verließ Frau und Kinder und zog sich 1275 als Eremit in eine Höhle auf dem Berg Randa zurück. Er widmete sich dem Studium der lateinischen, hebräischen und arabischen Sprache und verfasste unzählige Texte in seiner Muttersprache. Die Katalanen verehren ihn deshalb als Vater der katalanischen Kultur und Sprache.

Hauptanliegen Llulls war freilich die Verbreitung des Christentums. Dieses Ziel ließ ihn nicht nur eine Schule für angehende Missionare bei Miramar an der Nordwestküste gründen, sondern führte ihn auf vielen Missionsreisen nach Nordafrika, Israel, London, Paris, Rom und Neapel. Auf seiner letzten starb er 1315 im Alter von 80 Jahren. Um seinen Tod ranken sich zahlreiche Legenden. Viele Geschichtsschreiber halten hartnäckig an der Version eines Märtyrertodes in Algerien fest, weshalb Llull heilig gesprochen wurde. Heute erinnert das Kloster Nostra Senyora de la Cura auf dem Berg Randa mit seinem Grammatiksaal an Llulls Lebenswerk.

lassen sich bis in die Zeit der maurischen Herrschaft zurückverfolgen, und deshalb muten einige Wiegen- und Bauernlieder orientalisch an.

Zu den bekanntesten Musik- und Folkloregruppen gehören die Gebrüder Els Valldemossa. Die mallorquinische Hymne »La Balanguera« ist in ihrem Repertoire ebenso vertreten wie eine Liedreihe zu Ehren des Erzherzogs Ludwig Salvator › Exkurs S. 85. Alte Lieder interpretieren auch die Gruppe Coa Negra, der Gitarrist Joan Bibiloni und die über Mallorca hinaus populäre Sängerin Maria del Mar Bonet. Wie lebendig Volksmusik nach wie vor ist, zeigt das alljährlich im Juli stattfindende **Festival de Cançons de la Mediterrània** in Palma.

Kunsthandwerk

Eine lange Tradition hat die **Glasbläserkunst.** Formschöne Gegenstände kann man direkt in den Werkstätten erwerben, z. B. bei Vidreria La Gordiola nahe Algaida, Menestralia bei Campanet und Lafiore an der Landstraße Palma–Valldemossa bei S'Esglaieta. In allen Größen gibt es die aus brauner Tonerde gebrannten **Olles** und **Greixoneres,** bauchige und flache Gefäße für die Zubereitung von Eintopfgerichten.

Ein typisches Souvenir aus Ton sind die **Siurells.** Die nach phönizisch-karthagischen Vorbildern geformten Tonpfeifen stellen meist Reiter und Damen dar, aber auch Stiere oder Teufelchen. Wer Mirós Leidenschaft für Siurells teilt, wird in Sa Cabaneta (12 km nördlich von Palma) einen Blick in die Werkstätten werfen wollen.

Die typischen **Teles de Llengües,** Dekorstoffe mit Zungenmustern in vielen Farben, erfreuen sich großer Beliebtheit. In Santa Maria oder Pollença bekommt man solche **Ikat-Stoffe** in zwei Manufakturen.

Originelle Souvenirs sind Siurells, figürliche Tonpfeifen

Special

Insel der Inspiration

Von der Lichtfülle des Südens und dem Farbenspiel der Natur ließen sich zu Beginn des 20. Jhs. Santiago Rusinyol, Joaquim Mir, Hermen Anglada-Camarasa und später Joan Miró 〉 S. 64 inspirieren. Den Katalanen folgten Bildhauer, Maler und Galeristen aus ganz Europa, die sich in Fincas, Mühlen und Bahnhöfen einrichteten.

Zur Prominenz der jüngeren Künstlergeneration gehören neben **Miquel Barceló** 〉 S. 35 der ebenfalls aus Felanitx stammende Maler **Pere Bennàssar** und **Jaume Prohens,** der mit den erotischen Frauenporträts »Painted Women« Aufsehen erregte. Etabliert hat sich auch **Pep Llambías** aus Alaró mit Collagen und Montagen.

Kunstzentrum Palma

Hochburg der Szene ist die Stadt Palma, **Gran Hotel, Palau Solleric** und **Sa Nostra** sind ihre beachtenswerten Ausstellungszentren. Eine Sammlung neuerer Werke, entstanden von 1830 bis 1970, versammelt das **Centre d'Exposicions Ses Voltes**. In der **Fundació Barceló** und im **Casal Balaguer** werden vorwiegend mallorquinische Maler gezeigt, während das **Museu d'Art Espanyol Contemporani** hochkarätige internationale Künstler ausstellt.

- Gran Hotel

Plaça Weyler 3][Tel. 971 178500

- Palau Solleric

Pg. des Born 27][Tel. 971 722092

- Sa Nostra

Concepció 12][Tel. 971 725210

- Centre d'Exposicions Ses Voltes

Parc de la Mar][Tel. 971 722092

Nit de l'Art

Mitte/Ende September lockt die »lange Nacht der Kunst« jedes Jahr mehr als 15 000 Kunstinteressierte in die Ausstellungssäle von Palma.

Special][Kunstszene

■ **Fundació Barceló**
Sant Jaume 4
Tel. 971 722467
■ **Centre Cultural la Misericórdia**
Pl. de l'Hospital 4
Tel. 971 718053
■ **Museu d'Art Espanyol Contemporani**
Sant Miquel 11][Tel. 971 713515
■ **Museu d'Art Modern i Contemporani Es Baluard**
Plaça Porta Santa Catalina 10
Tel. 971908200][www.esbaluard.org

Private Kunstgalerien in Palma

Über 20 Kunstgalerien drängen sich in der Altstadt. Der Galeristenverband publiziert alle zwei Monate eine Broschüre, die in den Galerien ausliegt und die wichtigsten Ausstellungen ankündigt.

■ **Ferrán Cano**
Forn de la Glória 12
Tel. 971 714067
Der Veteran der lokalen Kunstszene zeigt in einer alten Getreidemühle die mallorquinische und spanische Avantgarde sowie junge Talente, wie den in Sóller lebenden Pep Guerrero (1966), der u. a. Möbel bemalt.

■ **Galeria Xavier Fiol**
Sant Jaume 23-A
Tel. 971 718914
Internationale Avantgarde stellt in dieser interessanten Galerie aus, auch Newcomer haben dort ihre Chance.

■ **Galeria Altair**
Sant Jaume 15
Tel. 971 716282
Die Galerie im Zentrum stellt schon seit über 20 Jahren internationale, zeitgenössische Maler aus. Auch die »jungen Wilden« haben dort ein Forum.

Galerien inselweit

In ihrem Geburtshaus am Marktplatz von **Pollença** zeigt Jerónima Martínez bekannte Spanier wie Antoni Tàpies oder Susana Solano. In **Manacors** Galeria Quàsars hängen Bilder spanischer oder lokaler Maler wie Peix (alias Joan Servera), Biel Bover und Antoni Llabrés Campins. Der Deutsche Klaus Dobrig zeigt im alten Bahnhof von **Sineu** zeitgenössische Kunst – und serviert am Bahnsteig Erfrischungen (So geschl.). In **Cala Figuera** bietet Hein Driessen in der Galerie Sirena seine stimmungsvollen Ölbilder, Aquarelle und Zeichnungen an. Das malerische Urgestein vom Niederrhein feierte bereits sein 50-jähriges Künstlerjubiläum.

■ **Galeria Maior**
Pollença][Plaça Major 4
Tel. 971 530095
■ **Galeria Quàsars**
Manacor][Olesa 10
Tel. 971 844711
■ **Centre d'Art S'Estació**
Sineu][S'Estació 2][Tel. 971 520750
■ **Galerie Sirena**
Cala Figuera][Virgen del Carmen 90
Tel. 971 645261

Feste und Veranstaltungen

Zwar werden regelmäßig in den Ferienorten und größeren Hotels Folkloreabende mit Musik-, Gesangs- und Tanzgruppen organisiert, ursprünglicher jedoch kann man die Bräuche auf den traditionellen Volksfesten in kleineren Ortschaften erleben. Während dieser Feste ziehen Musikgruppen durch die Straßen, Volkstänze finden auf öffentlichen Plätzen statt, man sieht die typischen Trachten und begegnet unter Umständen sogar Teufeln *(dimoni),* z. B. bei der Festa de Sant Antoni in Artà und Sa Pobla.

Festkalender

Januar: 5. 1. **Umzug der Heiligen Drei Könige** durch Palma. 16.–17. Jan. Fest zu Ehren von **Sant Antoni Abat** (Schutzpatron der Haustiere) in Artà, Sa Pobla, Manacor. 14.–23. Jan. Festwoche zu Ehren von **Sant Sebastià** in Palma mit Musik-, Tanz- und Theaterveranstaltungen.

Februar: Radrennen **Vuelta ciclista a Mallorca**. Internationale Orgelwoche in der Kirche Santa Eulària in Palma. **Karnevalsfeiern** in Montuïri.

März: Tonwarenmesse in Marratxí.

April: Kulinarische Woche **Mostra de Cuina Mallorquina** in Palma. Landwirtschaftsmesse und Markt in Santa Maria del Camí. **Fira del Ram,** großes Volksfest in Palma; **Semana Santa:** Karfreitagsprozessionen in Palma, Sineu und Pollença.

Mai: 1. Mai **Landwirtschaftsmesse** in Sineu. 9.–11. Mai. **Moros i Cristians,** Fest der tapferen Frauen von Sóller. Ende des Monats **Frühlingsfest** in Manacor.

Juni: Corpus Cristi, Fronleichnamsfest in Pollença. 23. Juni **Johannifeiern** in verschiedenen Orten. 29. Juni Patronatsfeiern zu Peter-und-Paul in Porto Petro, mit Schiffsprozession.

Juli: Sommerfestival (klassische Musik) in Cala Rajada. **Festival Mundial de Danzas Folklóricas** und **Cançons de la Mediterrània** in Palma. **Internationales Folklorefestival** in Sóller. **Festival de Pollença** (klassische Musik).

Zeit der Lebensfreude: Karneval

Festival Internacional de Deià (klassische Musik) von Juli bis Oktober.
August: 1. Sa im Aug. **Sa Marxa,** Nachtwallfahrt von Palma zum Kloster Lluc (48 km). **Chopin-Festival** in Valldemossa. Patronatsfeste von Montuïri und Felanitx.
September: 1. So im Sept. **Processó de la Beata** mit farbenprächtigen Umzügen in Santa Margalida. Letzter So im Sept. **Weinfest** in Binissalem mit Wahl der Weinkönigin.
Oktober: 16./17. Okt. Umzüge zu Ehren der Inselheiligen Catalina Tomàs in Palma. **Woche der Historischen Orgeln** Mallorcas. **Vieh- und Kunsthandwerksmesse** in Alcúdia.
November: Um den 14. Nov. **Dijous Bó** (fetter Donnerstag), Kunsthandwerksmessen in Inca und Pollença. Ende des Monats **BaleArt** in Palma.

Essen und Trinken

Mallorquinische Spezialitäten

Schon früh am Morgen zieht ein verführerischer Duft aus den *forns,* den mallorquinischen Backstuben. Wenig später stehen mit Puderzucker bestäubte *ensaïmades* (Hefeteigschnecken) auf dem Frühstückstisch – pur, gefüllt mit Sahne, Mandelcreme oder Kürbismarmelade. Aus der Backstube kommen aber noch zahlreiche andere Köstlichkeiten wie *coques,* die pizzaähnlichen Gemüsekuchen.

Bei einem Glas Wein munden die typisch spanischen *tapas* (wörtl. übersetzt »Deckel«). Diese pikanten Happen für zwischendurch können Fleisch, Fisch oder Gemüse oder eine Kombination davon enthalten. Ihre Rezepte sind meist von der Herkunft des Kochs bestimmt. Zu den auf Mallorca bevorzugten Köstlichkeiten gehört insbesondere das *pa amb oli,* geröstetes Bauernbrot, das mit Tomate oder Knoblauch eingerieben und mit Öl beträufelt wird. Dazu gibt es luftgetrockneten Schinken und würzigen Käse. Zur Brotzeit eignet sich ferner *sobrassada,* eine herzhafte, streichfähige Schweinswurst, gewürzt mit Paprika.

Wer die echte **Cuina Mallorquina** probieren will, muss die Ferienorte an der Küste verlassen, um nur wenige Kilometer landeinwärts im mallorquinischen Schlaraffenland zu schlemmen › S. 42.

Ein kräftiges inseltypisches Mahl beginnt mit den Vorspeisen, z. B. *frit mallorquí* aus einem großen Tontopf. Darin sind gewürfelte Innereien vom Lamm, Kartoffelstücke, Gemüse, Zwiebeln und Fenchel angeschmort. Ein üppiges Gericht, einst das Sonntagsessen der Bauern, ist *llom amb col,* Schweinerücken in Kohl gewickelt mit Rosinen und Pinienkernen. Und dann sind da noch die *sopes* zu nennen, die eigentlich keine Suppen sind: Bestellt man *sopa de verdura*, *sopa de guisantes* oder *caldo* (Brühe), dann bekommt man eine normale Suppe. Im Gegensatz dazu sind die *sopes mallorquines* (Plural!) ein schweres Eintopfgericht mit Kohl und anderen Gemüsen mit Speckwürfeln auf Brotscheiben.

Frischer Fisch ist teuer, da er in der Regel importiert werden muss. Rindfleisch und Wild sind selten, umso häufiger Spanferkel, Lamm, Zicklein, Kaninchen und Geflügel. Nur im Herbst zur Jagdsaison entdeckt man auf Speisekarten Wildkaninchen und frische Pilze. Fleisch und Fisch werden häufig auf dem Grill zubereitet und etliche rustikale Restaurants befeuern täglich ihre riesigen Grills.

Als Nachspeise sollte man *gelat d'ametlla* (Mandeleis) und *gató d'ametlla* (Mandelkuchen) oder den würzigen *queso Mahón* (Kuhmilch-Hartkäse aus Menorca) probieren.

Echt gut! Vorzügliche Cuina Mallorquina

- **Mesón la Villa**, **Esporles**, Spezialitäten aus dem Tontopf, ●● › S. 72.
- **Son Llarg**, **Estellenç**, einheimische Küche mit Pfiff, ●● › S. 73.
- **Ca'n Costa**, **Ctra. Valldemossa–Deià, km 2,5**, rustikales Ambiente in herrlicher Landschaft, ●● › S. 84.
- **Can Jaume**, **Deià**, Arxiduc L. Salvator 24, Tel. 971 639029. Nouvelle Cuisine à la mallorquina, ●●●
- **Es Guix**, **bei Lluc**, Fleisch vom Grill am Felsenpool, ●● › S. 92.
- **Celler Can Amer**, **Inca**, eine Insel-Institution, ●●● › S. 94.
- **Es Serral**, **Ortsausgang von Artà** Richtung Cala Torta, uriges Lokal auf dem Bauernhof, ●● › S. 110.
- **Es Recó de Randa**
Randa][C. Font 21
Tel. 971 660997
Spezialität: Spanferkel u. Lamm, ●●●
- **Es Celler**, **Petra**, deftige Kost im alten Weinkeller, ●● › S. 136.
- **Celler Son Toreo**, **Sineu**, umfangreiche Speisekarte und faire Preise, ●● › S. 137.

Speisen im Celler

Nirgendwo schmecken mallorquinische Gerichte besser als in den typischen *Cellers*, den aus ehemaligen Weinkellern hervorgegangenen rustikalen Speiselokalen in der ländlichen Inselmitte. Wer sich einige Stufen hinunter in die kühlen Gewölbe dieser Kellerlokale begibt, kann zwischen riesigen Fässern authentische Küche und ansprechenden Rot- oder Weißwein genießen. Im Landstädtchen Campos › S. 131 liegt der älteste Celler Mallorcas. Berühmt sind aber vor allem die Weinkeller von Sineu › S. 137 und Inca › S. 94, in denen sich an Markttagen die Händler treffen.

Getränke

Mallorquinischer Rotwein wird in der Flasche oder im Tonkrug als *vi de la casa* kredenzt. Lange ein Stiefkind, gewinnt seit geraumer Zeit auch der **Weißwein** an Qualität und Renommee. Mehr als 20 Weinkellereien, organisiert in zwei Regionalverbänden, dürfen ihre Produkte mit dem Quali-

Essen und Trinken

tätsmerkmal *denominació de origen* kennzeichnen. Die ältere der Herkunftsregionen ist **Binissalem** › Exkurs S. 93, die auch die Dörfer Consell, Santa Eugenia, Santa Maria und Sencelles einschließt. Ende September feiern sie ein mehrtägiges Weinfest, bei dem manchmal der Wein sogar aus dem Dorfbrunnen fließt. Die zweite Region ist **Pla i Llevant** mit Orten der großen Ebene wie Petra, Felanitx und Porreres.

Die einheimischen Weine werden fast nur lokal konsumiert. Wer allerdings auch zu Hause nicht auf einen guten Tropfen aus Mallorca verzichten will, kann Wein via Internet ordern. Unter www.mallorquiner.com gibt es zudem Inselspezialitäten wie Olivenöl und Kräuterliköre.

Als Digestif eignet sich der Kräuterlikör *Hierbas*. Vor einem Essen schätzen die Mallorquiner ein Gläschen *Palo,* einen dunklen 30-prozentigen Likör. Bon Profit!

Zur vielseitigen Gastronomie in Palma gehören auch Tapas-Lokale

Kaffeetrinker haben die Wahl zwischen Espresso *(café solo),* einem kleinen Kaffee mit Milch *(tallat)* oder einer großen Tasse Milchkaffee *(café amb llet)* und dem kleinen Schwarzen mit Rum oder Brandy, genannt *carajillo.*

Buch-Tipp Hobbyköche finden traditionelle Rezepte zum Nachkochen in **Mallorca. Küche, Gastlichkeit und Lebensfreude** von Martina Meuth und Bernd Neuner-Duttenhofer (Bassermann 2010).

Feine Hierbas aus Kräutern

Die 1898 von Antonio Nadal in Bunyola gegründete Likörfabrik **Tunel** (so genannt, weil sie in der Nähe des ersten Sóller-Bahn-Tunnels erbaut wurde) stellt die bekannten »Hierbas« (Kräuerliköre) in den Varianten süß und trocken sowie den Aperitif »Palo« her. Im Geschmack ist er dem Fernet Branca vergleichbar. Die Mixtur aus gebranntem Zucker, Kräuter-, Johannisbrot- und Eichenrindenextrakten ruht bis zu 30 Tage lang in Holzfässern, bevor sie destilliert wird (www.antonionadal.com).

Unterwegs auf Mallorca

Entdecken Sie die einzelnen Reiseregionen –
jeweils mit den schönsten Touren, allem
Sehens- und Erlebenswerten, Hotel-, Restaurant-,
Nightlife- und Shoppingtipps

2 Palma und seine Bucht

Nicht verpassen!

- Die einzigartige Atmosphäre der Kathedrale, wenn die Morgensonne den Innenraum in ein mystisches Licht taucht
- Eine entspannende Pause im »Hort del Rei«, dem schattigen Königsgarten mit seinen Wasserspielen
- Den Panoramablick vom Dach des Castell de Bellver auf Stadt und Hafen
- In einer Hafenbar bei Sonnenuntergang das maritime Ambiente genießen
- Das fantastische Nachtleben am Passeig Marítim ab Mitternacht

Zur Orientierung

Palmas Einwohnerzahl – stolze 400 000 sagt die Statistik – überflügelt die aller anderen Städte auf Mallorca. Damit lebt etwa die Hälfte der Inselbevölkerung in »la Ciutat«, wie die Mallorquiner die Hauptstadt der Autonomen Region gerne titulieren. Von jeher bestand ein starker Gegensatz zwischen der reichen Stadt und dem ärmeren, von eben dieser Stadt ausgebeuteten Land, was in früheren Jahrhunderten oft zu Aufständen führte. Palmas dominierende Stellung wird beim ersten Blick auf eine Mallorcakarte klar: Es beherrscht die größte Bucht im Süden, und wie die Strahlen einer Sonne streben von hier die Verbindungsstraßen in alle anderen Teile der Insel. Zu beiden Seiten des Zentrums erstrecken sich in der Bucht von Palma die Feriensiedungen, die Innenstadt selbst jedoch spielt als touristischer Standort kaum eine Rolle.

In Palma pulsiert das Leben, besonders auf dem schattigen Passeig des Born und der von Blumenständen geschmückten Rambla. Wer durch das Gassengewirr der Altstadt bummelt, findet nicht nur bedeutende Kunstdenkmäler, sondern stößt auf altertümliche Kräutergeschäfte, nette Schokoladenläden und Cafés. Hinter den Mauern alter Patrizierhäuser verbergen sich stille Patios, schicke Modeboutiquen oder moderne Kunstzentren. Aus dem engen Straßengeflecht tritt man hinaus auf sonnenbeschienene Plätze, an denen Jugendstilschnörkel das Auge erfreuen. Höhepunkt eines Spaziergangs durch die historische Altstadt ist die Besichtigung der Kathedrale, die die Stadtsilhouette beherrscht.

Touren durch Palma de Mallorca

Historische Altstadt

– ❶ – **Kathedrale** › Ajuntament › Santa Eulària › Can Barceló › Basílica Sant Francesc › Museu de Mallorca › Can Marqués › Museu Diocesà › Mirador de la Catedral

Dauer: reine Gehzeit: 2 Std.
Praktische Hinweise: Die Altstadt kann man nur zu Fuß oder mit dem Fahrrad erkunden, da sie für den Durchgangsverkehr weitgehend gesperrt ist. Tiefgaragen liegen z.B. am Parc de la Mar und in der Avenida Antoni Maura.

***Kathedrale 1

Von der Terrasse am Parc de la Mar oder der Avda. Antoni Maura (Halt des Sightseeing-Busses › S. 61) steigt man über wuchtige Steintreppen zur **Plaça de l'Almoina** empor. Dort stehen sich Kathedrale und Königspalast gegenüber. *La Seu,* wie der gotische Dom auch heißt, wurde auf den Resten der maurischen Hauptmoschee erbaut. Inseleroberer Jaume I. hatte während eines Sturmes auf hoher See gelobt, ein prächtiges Gotteshaus zu errichten, würden er und die Seinen aus Seenot gerettet werden. Nach Jaumes glücklicher Landung und dem Sieg über die Mauren wurde 1230 der Grundstein gelegt; die Bauarbeiten dauerten bis 1604. Das Gewölbe der dreischiffigen Hallenkirche mit ihren 18 Seitenkapellen wird von 14 eleganten Säulen getragen, die eine Höhe von 44 m erreichen. Beeindruckend ist die größte der sieben Buntglasrosetten mit einem Durchmesser von 90 m². Vom Licht durchflutet wird der Dom am frühen Vormittag und dann versteht man auch, warum ihn nicht nur Künstler Kathedrale des Lichts nannten.

Anfang des 20. Jhs. erfolgte die Umgestaltung des Innenraums nach Plänen des katalanischen Jugendstilarchitekten Antoni Gaudí. Es dauerte fast 100 Jahre, bis wie-

Blick zurück auf zwei Jahrtausende

Auf den Resten einer frühgeschichtlichen Talaiot-Siedlung gründeten die Römer kurz nach der Eroberung der Insel anno 123 v. Chr. die Siedlung Palmira, was Siegespalme bedeutet, und befestigten sie. Unter der Herrschaft der Araber stieg die Stadt seit dem Jahr 902 zur blühenden Medina Mayurka auf. 1229 aber eroberte der christliche König Jaume I. Mallorca. Man riss die Moscheen nieder oder verwandelte sie in Kirchen.

1325 hatte der Mittelmeerhandel derartige Ausmaße erreicht, dass ein Seehandelsgericht, das Consolat de Mar, eingerichtet wurde. Das imposante Gebäude am Passeig Marítim ist heute Sitz des Präsidenten der Balearen. Palma avancierte zu einem der wichtigsten Häfen der damals bekannten Welt und zu einem bedeutenden Zentrum der Kartografie: Mallorquinische Seekarten zeichneten sich durch Präzision und kunstvolle Gestaltung aus.

Gegen Ende des 14. Jhs. begann die Verfolgung der Juden. Sie wurden zwangsgetauft und in Palmas Judenviertel verbannt. Der ab 1431 steigende Einfluss der Inquisition gipfelte in der grauenvollen Judenverbrennung des Jahres 1691. Aufgrund der beständigen Überfälle von Piraten war bereits 1575 mit dem Bau einer neuen Stadtbefestigung begonnen worden, die erst 1801 fertiggestellt war. Ein Jahrhundert später schleifte man die Anlagen größtenteils wieder. Die an ihrer Stelle entstandenen breiten Avingudas halten einen Großteil des Autoverkehrs vom Altstadtkern fern und trotz reger Bautätigkeit blieb dieser als historisches Schmuckstück erhalten.

der ein Avantgardekünstler Hand an die Kathedrale legen durfte. 2007 sorgte der bekannte mallorquinische Maler und Bildhauer Miquel Barceló mit der Neugestaltung der **Kapelle des hl. Petrus** für eine Kunstsensation. Wochenlang bildeten sich Schlangen vor dem 16 m hohen Keramikbild, das die Auferstehung Christi und das Brotwunder darstellt. Das aus dem Rahmen fallende sakrale Kunstwerk rief viel Bewunderung, aber auch Kritik hervor.

[!] Außer zu Gottesdienstzeiten kann die Kathedrale nur über das Dommuseum betreten werden. April/Mai, Okt. Mo–Fr 10–17.15, Juni–Sept. 10–18.15, Nov.–März 10–15.15, Sa ganzjährig 10 bis 14.15 Uhr, So/Fei keine Besichtigung, Eintritt 4 €, www.catedraldemallorca.info.

**Palau de l'Almudaina 2

Einst Sitz der maurischen Wesire, diente der Palast im Mittelalter den aragonesischen und mallorquinischen Königen als Residenz. Heute nutzt König Juan Carlos einen Teil des Palastes für Audienzen, wohnt aber während seiner Aufenthalte auf Mallorca im Marivent-Palast. Der prächtige **Thronsaal** und die gotische **Capella Santa Anna** gehören zu den Kleinodien des Palastes, den man auf eigene Faust oder im Rahmen einer Führung erkunden kann. Es sind auch Audioguides mit deutschem Text erhältlich (April–Sept. Mo–Fr 10 bis 18.30, Okt.–März 10–14 und 16–18, Sa ganzjährig 10–14 Uhr,

Moderne Kunst im Palau March

Erw. 9 €, inklusive Führung 15 €, Audioguide 4 €).

*Palau March 3

Der prächtige Palau March beherbergt seit einigen Jahren das Museum der Stiftung March, u. a. mit Werken bekannter Bildhauer von Chillida bis Rodin. Auf der <mark>spektakulären Dachterrasse mit Blick über den Hafen</mark> sind Skulpturen von Henry Moore und Auguste Rodin ausgestellt. Ein Besuch der Sammlung lohnt auch wegen der Wandmalereien des Katalanen Josep Maria Sert im Musiksaal und Treppenbereich sowie wegen der neapolitanischen Weihnachtskrippe aus dem 18. Jh. (April–Okt. Mo–Fr 10–18.30, sonst bis 17 Uhr, ganzjährig Sa 10–14 Uhr).

*Ajuntament 4

Durch den Carrer del Palau Reial kommt man zur Plaça Cort, die von der prächtigen Renaissance-

und Barockfassade des Rathauses (ajuntament) beherrscht wird. Das mächtige Vordach wird von elf Stützbalken getragen, die Schnitzereien mit figürlichen Darstellungen zieren. Den Innenraum schmücken wertvolle Gemälde, darunter ein hl. Sebastian, der dem Flamen van Dyck zugeschrieben wird (Vorraum frei zugänglich).

*Església Santa Eulària 5

Am kleinen Platz hinter dem Rathaus steht die Anfang des 15. Jhs. erbaute Kirche, die seither mehrmals stilistisch verändert wurde. Sie birgt gotische Tafelbilder von Francisco Gómez, ist allerdings nur zu Gottesdienstzeiten offen.

Auf dem Kirchplatz treffen sich Studenten und Angestellte im **Café Moderno,** ein guter Ort für eine Pause. Hinter der Kirche versteckt sich im Carrer Sanç die **Xocolateria Can Joan de S'Aigo,** das älteste Café der Stadt, in dem schon Joan Miró heiße Schokolade und Mandelkuchen genossen hat (nur tagsüber, Di geschl.).

Can Barceló 6

Die **Plaça Quadrado** schmückt seit Anfang des 20. Jhs. das dreistöckige Wohnhaus Can Barceló. Die Fassade des gut erhaltenen Gebäudes ist mit den verglasten Erkerfenstern und zauberhaften Mosaikbildern, auf denen Frauen bei ihren häuslichen Beschäftigungen dargestellt sind, ein wunderschönes Beispiel für die Baukunst des Modernisme, des spanischen Jugendstils.

Gleich daneben ist rund um die **Plaça de la Artesania** ein **Kunsthandwerkerzentrum** mit Läden und Werkstätten entstanden.

*Basílica Sant Francesc 7

An die Plaça Quadrado grenzt das Franziskanerkloster mit seiner sehenswerten Basilika. Während der Konvent bereits 1232 von Jaume I. gegründet wurde, entstand die einschiffige, gotische Kirche erst 50 Jahre später auf den Fundamenten einer Moschee. Beeindruckend ist die Barockfassade mit der Reiterfigur des hl. Georg und der Fensterrose im plateresken Stil. Der spätgotische Kreuzgang mit seinen zierlichen Säulen stammt aus dem 14. Jh. und gehört zu den größten seiner Art in Spanien. Eine der Kapellen im Chorumgang birgt das **Alabastergrabmal des Ramon Llull** › S. 36, die Skulptur vor der Kirche stellt den Missionar **Juniper Serra** › S. 136 mit einem Indianerjungen dar (Mo–Fr 9.30–12.30, 15.30–18, So/Fei 9.30–12.30 Uhr).

*Església Monti-sion 8

Durch das einstige Judenviertel Sa Calatrava gelangt man zur Jesuitenkirche. Sie entstand im 16./17. Jh. auf den Resten einer ehemaligen Synagoge und weist ein prachtvolles Barockportal auf.

*Museu de Mallorca 9

Der Palast der Grafen von Ayamans aus dem 17. Jh. beherbergt das wichtigste historische Museum der Insel. Die Sammlung umfasst tausende Exponate verschiedener Epochen, u. a. archäologische Fundstücke aus dem Talaiotikum und der Römerzeit, maurische Keramik sowie Altaraufsätze aus dem 14. bis 19. Jh. (Carrer Portella 5, wegen Umbauarbeiten auf unbestimmte Zeit geschl.).

Denkmäler aus der Maurenzeit

Die *Banys Arabs 10, maurische Bäder aus dem 10./11. Jh. (C. Serra 7, April–Okt. tgl. 9–19, sonst bis 18 Uhr) sind wie der Arc de la Drassana im Königsgarten › S. 58 ein Überbleibsel der Medina Mayurka. Auch der *Arc de l'Almudaina 11 stammt aus maurischer Zeit. Der Bogen bildete damals einen Teil der Festungsmauer.

Maurisches Relikt: die Banys Arabs

Prächtige Stadtpaläste

Zwischen den Kirchen Santa Eulària und Sant Francesc sowie dem Stadttor **La Portella,** nach dem das gesamte Viertel benannt ist, liegt Palmas Palastzone. Hinter soliden Fassaden verbergen sich prachtvolle Säle, repräsentative Treppen und große Patios.

Im **Palau Formiguera** 12 aus dem 17. Jh. residierte Erzherzog Ludwig Salvator › S. 85 im Jahr 1871 bei seinem zweiten Aufenthalt. Ein weiteres gutes Beispiel ist das Herrenhaus **Can Marqués** 13 (C. Zanglada 2a). Ein Streifzug durch die originalgetreu möblierten Räume vermittelt einen Einblick in das Alltagsleben des Bürgertums um 1900 (Mo–Fr 10 bis 14 Uhr, regelmäßig Führungen, für Gruppen ab 30 Personen Besuche mit kulinarischem Programm, Tel. 616 234 153).

Museu Diocesà 14

Im Bischofspalast hinter der Kathedrale ist das Diözesanmuseum eingerichtet. Neu geordnet wirkt die Ausstellung nun weit attraktiver: Gemälde des Mittelalters, Marienfiguren, Altaraufsätze, darunter der berühmte Retaule de Sant Jordi mit einer Stadtansicht von Palma, gemalt von Pere Niçard (15. Jh.). Ein Kuriosum ist El Drac de Na Còca, ein kleines einbalsamiertes Krokodil. Es soll im 17. Jh. in den Abwasserkanälen des Portella-Viertels gelebt und die Bevölkerung in Angst und Schrecken versetzt haben (C. Calders 2, Sommer Di–Fr 10–18.15, Nov.–März 10–15.15 Uhr, ganzjährig Sa 10–14.15 Uhr).

Vom **Mirador de la Catedral** 15, der großen Terrasse vor der Kathedrale, schweift der Blick von der Festungsmauer über die Wasserfläche des Parc de la Mar zum großen Wandbild von Joan Miró und über den Hafen.

Palma und seine Bucht][Historische Altstadt

– ❶ –
Historische Altstadt
1. Kathedrale
2. Palau de l'Almudaina
3. Palau March
4. Ajuntament
5. Església Santa Eulària
6. Can Barceló
7. Basílica Sant Francesc
8. Església Monti-sion
9. Museu de Mallorca
10. Banys Àrabs
11. Arc de l'Almudaina
12. Palau Formiguera
13. Can Marqués
14. Museu Diocesà
15. Mirador de la Catedral

– ❷ –
Shopping im Zentrum
16. Plaça Espanya
17. Carrer Sant Miquel
18. Església Sant Antoni
19. Església Sant Miquel
20. Mercat Olivar
21. Museu d'Art Espanyol Contemporani
22. Plaça Major
23. Plaça Marquès del Palmer
24. Can Corbella
25. Palau Pelaires
26. Sala Pelaires
27. Plaça del Mercat
28. Gran Hotel (Fundacío Caixa)
29. Teatre Principal
30. Casa de la Misericòrdia

– ❸ –
Stadt am Meer
31. Plaça Rei Joan Carles I.
32. Plaça de la Reina
33. S'Hort del Rei
34. Arc de la Drassana Musulmana
35. Parc de la Mar
36. Statue des Ramon Llull
37. Hafenpromenade
38. Baluard de Sant Pere
39. Consolat de Mar
40. Plaça Drassana
41. Sa Llotja
42. Bar Abaco

Palma de Mallorca

0 — 200 m

Palma und seine Bucht][Historische Altstadt

53

Shopping im Zentrum

– ❷ – **Plaça Espanya › Mercat Olivar › Plaça Major › Palau Pelaires › Plaça del Mercat › Gran Hotel › Via Roma/Rambla › Casa de la Misericòrdia › Carrer Sant Jaume**

Dauer: reine Gehzeit ca. 2 Std.
Praktische Hinweise: Diese Tour sollte man nicht sonntags unternehmen, da dann alle Geschäfte geschlossen sind. In Palma starten und enden fast alle Linien der Überlandbusse an der unterirdischen Zentralstation *(Estació Intermodal)* an der **Plaça Espanya**. Sie umfasst auch die Endbahnhöfe der Bahnlinien aus Inca, Sa Pobla und Manacor und der U-Bahn. Nebenan liegt der alte Bahnhof der Sóller-Bahn. Die Fahrpläne fast aller Überlandlinien und Züge sind im Internet unter www.fahrplan-online.de einzusehen.

Durch den Carrer Sant Miquel

Von der Plaça Espanya **16**, Palmas zentralem Drehkreuz des öffentlichen Verkehrs, führt der Spaziergang vorbei am **Reiterstandbild des Königs Jaume I.** erst geradeaus und dann links in die Einkaufsstraße **Sant Miquel 17**. Dort lohnt ein Halt im **Grand Café Cappuccino** im Palau Can Ques (Nr. 53). In einem ovalen Kreuzgang, der ehemals zur **Església Sant Antoni 18** und einem 1768 eröffneten Krankenhaus gehörte, befindet sich heute ein Ausstellungssaal (Sant Miquel 30).

Einige Schritte weiter auf demselben Carrer liegt rechter Hand die **Església Sant Miquel 19**, die aus einer Moschee hervorging. Nach der Reconquista wurde hier die erste Messe zelebriert.

Mercat Olivar 20

Unter der imposanten Eisenkonstruktion der großen Markthalle lockt das kulinarische Schaufenster Mallorcas. In unvergleichlicher Fülle werden Obst, Gemüse, Käse und Fisch lautstark feilgeboten. Auf keinem anderen Markt der Insel türmen sich Meerestiere in derartiger Vielfalt. Für Kostproben empfiehlt sich die Bar der Fischverkäufer. **Frischere Tapas bekommt man nirgendwo!** `Echt gut`

*Museu d'Art Espanyol Contemporani 21

Den Kern der Ausstellung zeitgenössischer Kunst in einem Stadtpalast aus dem 18. Jh. bildet die **Col.lecció March.** Die sehenswerte Kunstsammlung einer Bankiersfamilie umfasst 70 Werke u. a. von Picasso, Joan Miró, Antoni Tàpies und Miquel Barceló. Wechselausstellungen runden das Programm ab (C. Sant Miquel 11, Mo–Fr 11–18.30, Sa 10.30–14 Uhr, Eintritt frei, www.march.es).

Jugendstil in Palma

Der Carrer Sant Miquel mündet auf die **Plaça Major 22**, den arkadengesäumten, früheren Markt-

Palma und seine Bucht][Shopping im Zentrum

platz der Stadt, der etwas an eine italienische Piazza erinnert. Ein großer Torbogen öffnet sich auf die kleine **Plaça Marquès del Palmer** 23, deren Bild von den ansprechenden Jugendstilgebäuden *L'Aguila und *Can Fortesa-Rei geprägt ist. Ein weiteres Beispiel für die Architektur an der Wende vom 19. zum 20. Jh. ist der restaurierte *Can Corbella 24 im Carrer Santo Domingo 1. Für die Fensterfronten wählte der Baumeister den neomudéjaren Stil und zierte das Dach mit einem achteckigen Türmchen.

Shopping

- Prall gefüllte Wurstdärme hängen vor dem Sobrasada-Laden La Montana (Carrer Jaume II.).
- Auch die Gemischtwarenhandlung Colmado Santo Domingo (Carrer Santo Domingo 3) ist eine pure Verlockung für den Gaumen.

Verlockungen für den Gaumen

- Im Carrer Can Verí wird es edel, ob mit Mode von Armani bis Versace oder moderner Kunst in Palästen und Galerien.
- Naschkatzen und Gourmets kommen im Carrer Sant Nicolau 2 unmöglich am verführerischen Schaufenster des Spezialitäten- und Schokoladengeschäftes La Pajarita vorbei.
- Es darf gerätselt werden! Pfiffige und formschöne Denk- und Geduldspiele findet man bei Puzzles Mallorca, Carrer Sant Nicolau 16.

Zeitgenössische Kunst

- Zeitgenössische Gemälde sowie Wechselausstellungen werden im Centre Cultural Contemporani Pelaires 25 (C. Can Verí 3, Mo–Fr 10 bis 13.30, 16.30–20, Sa 10–13.30 Uhr, www.pelaires.com) gezeigt.
- Gleich nebenan hat sich die Galerie Joan Guaita auf Pop Art, Fotografien und kubanische Kunst spezialisiert (C. Can Verí 10, 1. Stock).
- Ein renommiertes Forum der Gegenwartskunst ist ferner die Sala Pelaires 26, in der Miró bereits 1970 ausstellte (C. Pelaires 5, geöffnet wie Palau Pelaires).

Plaça del Mercat 27

Aus engen Gassen tritt man hinaus auf die schöne Plaça del Mercat. Auf den Regiestühlen der Straßencafés sitzt man gemütlich vor der Kulisse sorgsam restaurierter Jugendstilhäuser.

Das Doppelhaus *Can Casayas (1908–1911) wird durch die Straße Santacilia geteilt. Die gewellten

Fassaden und unregelmäßigen Fensterformen erinnern an den unverwechselbaren Stil des katalanischen Modernisme-Architekten Antoni Gaudí, gehen aber auf Francesc Roca zurück.

Wenige Schritte sind es zum ***Forn des Teatre**, einer traditionsreichen Bäckerei, die mit ihrer herrlichen Jugendstilfassade den Blick auf sich lenkt. Schon früh am Morgen zieht aus der Backstube der Duft von ofenfrischen *ensaïmades*.

**Gran Hotel 28

Palmas schönstes Jugendstilgebäude steht an der **Plaça Weyler**. In den eleganten Sälen des 1903 eröffneten ersten Luxushotels der Insel trafen sich Gelehrte und Künstler zu legendären Gesprächsrunden. Architekt war Lluís Domènech i Montaner (1850–1923), ein Vertreter des Modernisme. Der Bau fungierte bis zum Ende des Spanischen Bürgerkriegs als Hotel, hatte dann andere Funktionen und wurde 1975 endgültig geschlossen. Seit seiner Renovierung beherbergt das Gebäude mit der spektakulären Fassade das Kulturzentrum einer Sparkasse, das **CaixaForum Palma**.

Auf einem Rundgang über drei Etagen sieht man noch Originalmobiliar des Hotels, aber auch Landschaftsbilder der katalanischen Künstler Santiago Rusinyol und Joaquim Mir, Skulpturen von Eusebi Arnau und Gemälde von Hermengildo Anglada-Camarasa. Wechselausstellungen, Konzerte, Vorträge, Buchhandlung (Mo–Sa 10–21, So 10–14 Uhr, Eintritt frei, www.fundacio.lacaixa.es).

Die Gestaltung der Cafeteria kombiniert geschickt historische Bauelemente mit modernem Design. Daher avancierte **El Café** schon bald nach seiner Eröffnung zum In-Treffpunkt der Stadt.

Entlang der Rambla

Nahe dem Gran Hotel beginnt die **Via Roma**, eine platanenbestandene Allee, auf deren breitem Mittelstreifen viele farbenfrohe Blumenstände aufgebaut sind. Wegen ihrer Ähnlichkeit mit Barcelonas Flaniermeile nennt sie der Volksmund Rambla. Wo heute Bürger und Besucher gleicher-

Das neue alte Gran Hotel

Palma und seine Bucht][Stadt am Meer

maßen gerne promenieren, verlief einst ein Wildbach, der im 17. Jh. nach einer schweren Überschwemmung, die 5000 Opfer forderte, in sein heutiges Bett am Passeig Mallorca umgeleitet wurde.

Hinter einer streng klassizistischen Fassade verbirgt sich das plüschige, neu renovierte *Teatre Principal 29. Das größte Schauspielhaus der Stadt wurde 1854 als Kopie der Oper von Barcelona errichtet (Spielplan: www.teatreprincipal.com, Kartenbestellung: Tel. 902 332211, Kasse Mo–Sa 17.30–20.30 Uhr).

Am Ende der Rambla liegt linker Hand die **Casa de la Misericòrdia** 30. Traditionell versorgten dort die Jesuiten die Armen der Stadt. Mitte des 19. Jhs. wurde das Gebäude im klassizistischen Stil erneuert. Inzwischen haben hier diverse Bibliotheken sowie das Bild- und Tonarchiv des Inselrats ihren Sitz. Auch finden regelmäßig wechselnde Kunstausstellungen statt.

Der Blumenzier des angeschlossenen **Botanischen Gartens** setzen moderne Skulpturen spanischer Bildhauer das i-Tüpfelchen auf.

Carrer Sant Jaume

Unterhalb des Botanischen Gartens kommt man – vorbei an der Kirche **Santa Magdalena** – zum Carrer Sant Jaume. Dort haben sich neben interessanten Geschäften mit einheimischen Produkten einige **Kunstgalerien** › S. 39 angesiedelt. Die verkehrsberuhigte Gasse endet an der Plaça Rei Joan Carles I. › rechts.

Stadt am Meer

– ❸ – Plaça Rei Joan Carles I. › Passeig des Born › Plaça de la Reina › S'Hort del Rei › Parc de la Mar › Hafenpromenade › Es Jonquet › Santa Catalina › Museu Es Baluard › Consolat de Mar › Sa Llotja

Dauer: reine Gehzeit ca. 2 Std.
Praktische Hinweise: Palmas Meerseite lädt zu einem erholsamen Spaziergang ein. Ein Fahrrad- und Skaterweg zieht sich am Hafen entlang. Dort spielt sich das Leben tagsüber ab, während nachts die zahlreichen Restaurants, Musik-Pubs und Diskotheken mit schriller Leuchtreklame Tausende Vergnügungswillige anlocken.

Plaça Rei Joan Carles I. 31

Die schicke Einkaufsstraße Jaume III. und der schattige Carrer Unió treffen hier aufeinander. Von den Tischen der bekannten **Bar Bosch** blickt man auf einen abends malerisch beleuchteten Brunnen: ein Obelisk, getragen von vier Bronzeschildkröten (*tortugas*), weshalb der Platz auch **Plaça de las Tortugas** heißt. Sie ist stimmungsvoller Auftakt zum **Passeig des Born,** wie die Rambla eine beliebte Flaniermeile.

Zur Rechten erhebt sich einer der schönsten Paläste Palmas. Schmiedeeisengitter und Fassadenmalerei zieren die Front des

Palau Solleric, während die großzügigen Räumlichkeiten einen idealen Rahmen für Wechselausstellungen zeitgenössischer Kunst bilden (Tel. 971 722092).

Plaça de la Reina 32

Zwei mächtige Gummibäume werfen ihren Schatten auf die beiden steinernen Sphingen, die – Königin Isabel II. gewidmet – das Ende des Passeig des Born an der Plaça de la Reina bewachen. Oberhalb sitzt man angenehm im **Palau March** > S. 49, und zwar in einer Filiale von Gran Café Cappuccino, beliebter Treffpunkt vor einem Altstadtbummel. Tür an Tür mit dem Palau liegt das großartige **Parlamentsgebäude**.

An der Plaça de la Reina

Café

Café Lírico
Avinguda d'Antoni Maura 6
Tel. 971 721125
Das nostalgische Café gegenüber dem Palau de l'Almudaina ist seit über 100 Jahren eine gute Adresse. Köstliche Schokoladentorte! Mo–Sa 7–1 Uhr.

*S'Hort del Rei 33

An der Ecke zum Garten des Königs, S'Hort del Rei, stecken täglich Hunderte von Passanten ihren Kopf durch die Öffnung der Miró-Skulptur **Personatge,** die den Spitznamen »das Ei« erhielt.

Unter den schattigen Laubengängen des Königsgartens laden Bänke zum Verweilen ein, nur gedämpft dringt der Verkehrslärm durch das murmelnde Wasserspiel. **Jònica** nannte der katalanische Bildhauer Josep M. Subirachs seine abstrakte Frauenbüste. Durch grüne Gittertore gelangt man zu einer Wasserfläche unterhalb der Festungsmauern, auf der Schwäne ihre Kreise ziehen. Über dem Becken erhebt sich der ***Arc de la Drassana Musulmana** 34, ein Bogen aus arabischer Zeit, der Eingang zur Werft und zum versteckten Hafen des Wesirs war.

*Parc de la Mar 35

Fotogen spiegeln sich auf der Wasserfläche des Meeresparks die Stadtmauer und die Türme der Kathedrale. Am westlichen Ende des Sees steht eine moderne Plastik, die die Entdeckung Amerikas symbolisiert. Weniger ruhig steht **Ramon Llull** 36 > S. 36 auf der Verkehrsinsel zwischen Avinguda

Palma und seine Bucht][Stadt am Meer

Antoni Maura und Passeig de Sagrera. **Die Bar Nu Parc auf der dem Meer zugewandten Seite des Parks ist eine kleine Oase** und lädt dazu ein, sich in bequemen Stühlen ein wenig auszuruhen. Nachts trifft sich hier Palmas Jeunesse dorée zum Flirt.

Hafenpromenade

Über die palmenbestandene Hafenpromenade bummelt man zum Fischereihafen, vorbei an einer monumentalen Sonnenuhr und der Bar **Pesquero**; nebenan flicken die Fischer auf der großen Terrasse ihre blauen Netze.

Zwischen dem Fischereihafen an der Contramoll und dem **Reial Club Nàutic** (Zugang zum Jachtclub nur für Mitglieder und Gäste des Restaurants) steht die Kapelle **Sant Elm** unweit der Mündung des Stadtbachs **Sa Riera**, der meist kaum Wasser führt.

Setzt man den Bummel auf der Seeseite fort, kommt man zur modern gestylten Bar **Darsena**: ein guter Platz, um das maritime Ambiente aus nächster Nähe zu genießen. An den Kaimauern sind z.T. noch alte Fischerboote vertäut, darunter viele der für Mallorca typischen *llauts* – ein krasser Kontrast zu den Segelschiffen und Luxusjachten des Jachtclubs.

Auf Höhe des **Auditoriums** (www.auditoriumpalma.es), Veranstaltungs- und Kongresszentrum der Stadt, befindet sich die Anlegestelle der Ausflugsboote, die Hafenrundfahrten und Ausflüge in der Bucht anbieten.

Zurück ins Zentrum spaziert man wieder am Hafen entlang oder auf der landwärtigen Seite des Passeig, des beliebtesten Laufstegs des Nachtlebens von Palma.

Santa Catalina

Über einem kleinen Park erhebt sich der Windmühlenhügel von **Es Jonquet** im einstigen Fischer- und Arbeiterviertel **Santa Catalina**. Das früher eher schäbige Quartier hat sich zu einem Zentrum der Gastronomie entwickelt. Dutzende Restaurants mit einem internationalen Angebot füllen sich jeden Abend bis auf den letzten Platz. Im alten Waschhaus **Rentadors** am Fuß des Hügels, Ecke

---

Els Foners Balears – balearische Steinschleuderer

Am Eingang des **S'Hort del Rei** erinnert ein Bronzedenkmal an die balearischen Steinschleuderer. Bereits vor Ankunft der Römer auf Mallorca verdingten sich die berühmt-berüchtigten Wurfkünstler im Heer des karthagischen Generals Hannibal; 2000 sollen es gewesen sein. Ihre gefragten Dienste ließen sie sich mit Wein und Frauen vergüten.

Die einstige Kriegskunst ist als Sportart wieder populär und hat sogar Eingang in die Schulen gefunden. Was es mit dieser Diziplin auf sich hat, kann man jeden Mittwoch erfahren, wenn sich die *Foners* gegen 19.30 Uhr in der Bar España, C. Oms (westlich der Plaça Espanya) einfinden.

Avda. Argentina, ist ein touristischer Informationspunkt untergebracht.

Baluard de Sant Pere 38

Die breite Avinguda Argentina, der Stadtpark Sa Faxina und das gemauerte Bett von Sa Riera trennen Santa Catalina von den verbliebenen Bollwerken der alten Stadtmauer. In den imposanten, mittelalterlichen Bauten des Baluard de Sant Pere fand das **Museu Es Baluard** für moderne und zeitgenössische Kunst hervorragende Ausstellungsflächen (Plaça Porta Santa Catalina 10, Di–So 10–22, im Winter bis 20 Uhr, 6 €, www.esbaluard.org). Kostenlos ist die herrliche Aussicht von der großen Terrasse auf den Hafen.

*Consolat de Mar 39

Von der Terrasse des Museums gelangt man durch die engen Gässchen des Puig de Sant Pere zur **Plaça Drassana** 40. Wer das Museum auslässt, spaziert zwischen Stadtpark und dem sechsspurigen Passeig Marítim unter Palmen an der Stadtmauer entlang zum Consolat de Mar. Der Renaissancebau aus dem 17. Jh. beherbergte ursprünglich das Seehandelsgericht. Heute ist das Gebäude mit seiner schönen Loggia Sitz des Präsidenten der autonomen Regierung der Balearen. Die rückwärtige Fassade des Consolat zeigt auf die Plaça Drassana mit dem **Denkmal** für den Geografen und Seefahrer **Jaume Ferrer,** der im 14. Jh. von Mallorca bis nach Senegal gesegelt sein soll.

Eine kurze Pause auf der Terrasse der Bar **Drassanes** bietet ==Gelegenheit, die vorzüglichen Tapas zu probieren.== *Echt gut*

**Sa Llotja 41

Ein Highlight des Rundgangs am Meer ist die Seehandelsbörse, die Kaiser Karl V. aufgrund ihrer Dimension und Eleganz für eine Kirche hielt. Das Bauwerk wurde 1426–1451 errichtet. Es besitzt ein prächtiges Portal, dessen Mittelpunkt die kunstvolle gotische Figur des Angel de la Mercadería bildet. Sechs schlanke Spiralsäulen stützen das Gewölbe des 40 x 24 m großen Innenraums. Er ist zu Kunstausstellungen und anderen Events geöffnet.

Restaurants

Vor der Llotja liegt ein palmenbestandener Platz mit Restaurants und Cafés.
- In der rechten Ecke bietet das Restaurant **La Boveda** ausgezeichnete, aber nicht ganz billige Tapas an. ●●
- An der Kopfseite des Platzes lädt das wunderschöne alte Café **Sa Llotja** (Nr. 2) zur Einkehr.

Nachts in Sa Llotja

Das Viertel ist wegen des vielfältigen Angebots von Tapas-Kellern und Livemusik-Clubs sehr beliebt, auch wenn sich ein Teil des Nachtlebens nach 24 Uhr an den Passeig Marítim verlagert. Dann gibt es Musik nur noch schallgedämpft »indoor«. Absolute Nobeladresse ist die Bar **Abaco** 42 › S. 63 in einem Palast im Carrer Sant Joan.

Palma und seine Bucht][Adressen

Info

■ **Städtische Touristinfo**
Info-Tel. 902 102365
palmainfo@a-palma.es
Büros: Casal Solleric, Passeig des
Born 27; Parc de la Mar; Parc de ses
Estacións, Plaça Espanya 6; Passeig
Maritim, Rentadors, Avda. Argentina 1;
Platja de Palma, Plaça Meravelles s/n.

■ **Touristinfo für die ganze Insel**
Plaça de la Reina 2][Tel. 971 173990
oit@conselldemallorca.net

■ **Fundbüros** *(Objetos Trobats)*
Avda. Alomar i Villalonga 18,
Tel. 971 225906 (8–14 Uhr); **am Flughafen**, Tel. 971 789456 (vormittags)

Sightseeing-Bus

Nicht nur für Palma-Neulinge sind die roten Doppeldecker-Busse mit offenem Oberdeck zu empfehlen. Im 20-Minuten-Takt fahren sie die wichtigsten Monumente auch außerhalb des Zentrums an. Die Rundfahrt kann an jeder der 16 Haltestellen beliebig unterbrochen werden; wichtige Stopps befinden sich an der Plaça Espanya, unterhalb der Kathedrale und auf der alten Hafenmole. Über Kopfhörer hört man Kommentare in acht Sprachen. Bezahlt wird das Ticket am Bus. März–Okt. 10–20 Uhr, sonst bis 18 Uhr. Tagesticket Erw. 15 €, Kinder 7,50 €, 2 Tage Erw. 18,73 €, Kinder 9,37 €, bei Online-Buchung günstiger, www.mallorcatour.com.

Hotels

■ **Arabella Sheraton Golf Hotel Son Vida**
Urb. Son Vida][Tel. 971 787100
www.sheratonmallorcagolfhotel.com.
Exklusives Golfhotel (Prädikat *Gran Lujo*) im Stil eines spanischen Herrenhauses, erstklassiges Restaurant. ●●●

Sa Llotja dient heute als würdiger Rahmen für Ausstellungen

■ **Saratoga**
Passeig Mallorca 6][Tel. 971 727240
www.hotelsaratoga.com
Zwei Pools, Fitnessstudio, Spa; »Blue Jazz Club« (Konzerte Do, Fr). ●●●

■ **San Lorenzo**
San Lorenzo 14][Tel. 971 728200
www.hotelsanlorenzo.com
Pionier der schicken kleinen Hotels in der Altstadt; individuell gestaltete Suiten und Zimmer. ●●●

■ **Tres**
Apuntadors 3][Tel. 971 717333
www.hoteltres.com
Eine modern-elegante, sehr schmucke Stadtherberge in einem alten Palast; mit Pool auf dem Dach. ●●●

■ **Born**
Sant Jaume 3][Tel. 971 712942
www.hotelborn.com

Eines der urigen Weinkeller-Restaurants: Celler Sa Premsa

Renoviertes Drei-Sterne-Hotel im Palast Can Ferrandell, 29 preiswerte Zimmer, die schlichter sind, als die pompöse Eingangshalle verspricht. ●●
■ Dalt Murada
Almudaina 6 a][**Tel. 971 425300**
www.daltmurada.com
Nostalgisches Flair in einem Palast; viele Antiquitäten und Gemälde, kombiniert mit modernem Komfort. ●●
■ Ritzi
Apuntadors 6][**Tel. 971 714610**
www.hostalritzi.com
Preisgünstige Familienpension mit Patio in Palmas Fressgasse. ●

Restaurants

■ Aramis
Sant Feliú 7][**Tel. 971 725232**
Feines Speiselokal: internationale Küche, große Weinkarte. ●●●
■ Es Parlament
Conquistador 11][**Tel. 971 726026**
Hier tafelt man mit Politikern und Journalisten in einem prachtvollen Saal. Besonders zu empfehlen: Reis- und Paella-Gerichte. ●●●

■ Fabrica 23
Santa Catalina][**C. Cotoner 42**
Tel. 971 453125
Die fantasievollen Gerichte sind immer ein Erlebnis. ●●●
■ La Bodeguilla
C. Sant Jaume 3][**Tel. 971 718274**
Die Adresse für die klassische spanische Küche; auch sehr gut sortierte Weinhandlung (Bodega). ●●
■ Bon Lloc
Sant Feliú 7][**Tel. 971 718617**
Vegetarisches Schlemmerlokal, tgl. wechselndes Mittagsmenü. ●●
■ Celler Sa Premsa
Pl. Bisbe Berenguer de Palou 8
Tel. 971 723529
Rustikale Bodega, in der mallorquinische Spezialitäten in großzügigen Portionen serviert werden. ●

Shopping

■ Juncosa
Sant Nicolau 12
Alles für die Dekoration, vor allem Ikat-Stoffe mit dem berühmten Zungenmuster *(teles de llengües)*.

Palma und seine Bucht][Ziele in der Bucht

■ **Bordados Formentor**
Sant Miguel 33
Mallorquinische Klöppelspitzen und wertvolle Stickereien.

■ **Espardenyeria Llinàs**
Sant Miquel 43
Typische, aus Hartgras, Hanf und Stechpalmblättern geflochtene Schuhe zum Binden; gut verarbeitet.

Nightlife

Rund um **Sa Llotja** › S. 60 und an der Hafenpromenade **Passeig Marítim** sind die meisten **Nachtlokale** zu finden.

■ **Tito's**
Passeig Marítim
Di–So ab 22.30 Uhr
Hier schwangen schon die Großeltern der heutigen Showtänzer das Tanzbein.

■ **Abraxas**
Passeig Marítim 42
Prominenten-Disko mit ausgelassener Atmosphäre bis in die Morgenstunden. Schöne Terrasse über dem Meer.

■ **Abaco**
Sa Llotja][**C. Sant Joan**
Samt, Seide und Antiquitäten verleihen der Bar in einem Stadtpalais Noblesse. Die Preise entsprechen dem Ambiente.

■ **La Bodeguita del Medio**
Sa Llotja][**Valseca 18**
Eine Kopie von Hemingways Stammkneipe in Havanna, stets gut besucht.

■ **Jazz Voyeur Club**
Sa Llotja][**C. Apuntadors 5**
Anspruchsvolle Livemusik: Jazz, moderner Flamenco, Blues.

■ **Bluesville**
C. Ma des Moro 3
365 Nächte im Jahr geöffnetes Forum für die angesagteste Musik, auch alternative Bands und Nachwuchsgruppen.

In der Bucht von Palma

Poble Espanyol

Das Spanische Dorf versammelt Reproduktionen von Bauwerken der verschiedenen Kulturepochen (u. a. maurisch, Renaissance) und vieler Regionen der Iberischen Halbinsel. In den originalgetreu nachgebauten Häusern sind Cafés, Restaurants sowie Andenkenläden untergebracht. Seit dem Auszug der viele Jahre dort ansässigen Kunsthandwerker hat das Ensemble allerdings an Attraktivität verloren (tgl. 9–19 Uhr, im Winter bis 18 Uhr, Haltestelle der Sightseeing-Busse).

**Castell de Bellver

Oberhalb des alten Hafenviertels **El Terreno,** der bevorzugten Residenz von Künstlern und Literaten wie Gertrude Stein, G. B. Shaw, Ruben Dario und Camilo José Cela, liegt das auf kreisförmigem Grundriss erbaute gotische Kastell. Einziges Bauwerk seiner Art in Spanien – und Palmas schönster Aussichtspunkt –, entstand es im 14. Jh. im Auftrag von Jaume II. Es diente den Königen als Sommerresidenz und später als Gefängnis.

In Spanien ein Unikum: das runde Castell de Bellver

Besonders gefürchtet war der Kerker unter der **Torre de l'Homenatge** (33 m), der als *Olla* (der Topf) bekannt war. Das Franco-Regime sperrte zahlreiche politische Gegner dort ein, einige wurden gefoltert und ermordet. Eine Gedenktafel im Innenhof erinnert an die Opfer der Faschisten.

Die Wechselfälle der Vergangenheit dokumentiert das städtische **Geschichtsmuseum.**

Eine schöne zweigeschossige Loggia umschließt den Innenhof mit Zisterne und Brunnen.

🛈 Kastell: Mo–Sa 9–20 Uhr, im Winter bis 19 Uhr. Sonntags kann kostenlos die Aussichtsterasse auf dem Dach bestiegen werden, das Museum ist dann allerdings geschlossen. Haltestelle des Sightseeing-Busses.

Fundació Pilar i Joan Miró

Im Vorort **Cala Major,** oberhalb der königlichen Sommerresidenz **Palau Marivent** liegt die **Miró-Stiftung**: Museumsneubau, Mirós Wohnhaus Son Boter (17. Jh.) und sein Atelier mit leuchtend weißen Wänden und Türen in Knallrot, Himmelblau und Sonnengelb (Mirós Lieblingsfarben). Staffeleien, Pinsel und halbfertige Gemälde lassen glauben, Miró (1893–1983) kehre jeden Moment zurück. Buchladen und Cafeteria.

🛈 C. Joan de Saridakis 29, Mitte Mai–Mitte Sept. Di–Sa 10–19, im Winter 10–18, ganzjährig So/Fei 10–15 Uhr, Eintritt 6 €, http://miro.palmademallorca.es.

Restaurants

Das Dorf **Génova** oberhalb von Cala Major wird wegen seiner vielen Restaurants »Bauch von Palma« genannt.

■ Sehr mallorquinisch geht es im **Mesón Can Pedro** zu **(C. Rector Vives 4, Tel. 971 402479, ●●)**. Die Auswahl an Grillgerichten ist grandios, nur sollte man nicht gerade sonntags versuchen, einen Tisch zu ergattern.

■ **Ses Coves** bietet Zugang zu kleinen Kalksteinhöhlen (**C. Barranc 45**, tgl. 10–13.30, 16–19 Uhr, ●).

Nightlife

Ein Ziel für Nachtschwärmer ist die edle Cocktailbar **Abacanto** im Herrensitz Son Nicolau mit Barockgarten mitten in einem Gewerbegebiet (**Cami de Son Nicolau s/n, Tel. 971 430624, www.abacanto.es**).

Palma und seine Bucht][Ziele in der Bucht

Sant Agustí und Ses Illetes

Sant Agustí ist bekannt für seinen Jachthafen mit der staatlichen Segelschule. An den Stränden zwischen den Klippen sind die Anwohner meist unter sich. Anders im benachbarten **Ses Illetes**, dessen von Kiefern gesäumte Sandbuchten v. a. am Wochenende wie ein Magnet auf Palmas Jugend wirken – auch weil es bequem mit dem Stadtbus zu erreichen ist.

Hinter Ses Illetes erstrecken sich die Spielbahnen des **Real Club de Golf de Bedinat**, einer der ältesten Golfanlagen der Insel.

Info

Touristinfo
Passeig de Illetes 4
Tel. 971 402739 (nur im Sommer)

Es Molinar und Ciutat Jardí

Nahe der Flughafenautobahn liegt der Fischer- und Sporthafen von **Es Molinar**. Hier verabreden sich die Palmesaner gerne für den Abend. Es Molinar ist ebenso wie das benachbarte **Ciutat Jardí** bekannt für seine Fischrestaurants.

Hotel

Ciutat Jardí
Ciutat Jardí][C. Illa de Malta 14
Tel. 971 746070][www.hciutatj.com
Nostalgie und Komfort vereinen sich in dem ältesten Hotel Mallorcas. Der Strand liegt vor der Türe. ●●

Restaurant

Guter Fisch ist überall teuer, aber Lokale wie **Can Tito** bieten für ihre maritimen Köstlichkeiten ein adäquates Preis-Leistungs-Verhältnis (**Passeig des Born des Molinar 2, Tel. 971 271016, ●●**).

Can Pastilla, Platja de Palma, S'Arenal

Die eigentliche Touristenzone der Bucht beginnt in **Can Pastilla**. Jüngst wurden enorme Anstrengungen zur Verschönerung des Urlaubsorts der ersten Stunde gemacht, so der Bau der Promenade. Von Can Pastilla schwingt sich der feine Sandstrand über 6 km bis S'Arenal.

Auf die **Platja de Palma** und das verwinkelte **S'Arenal** kommen große Veränderungen zu, denn die Viertel hinter der Promenade sollen umfassend erneuert werden. Am langen Strand folgen im Abstand von 500 m 12 Balnearios mit Duschen, Toiletten und Bar. Balneario 6 hat es als »Ballermann 6« zu trauriger Berühmtheit gebracht, und noch immer schlürfen hier einige Sangria mit Strohhalmen aus 10-Liter-Eimern.

Die Platja ist ein beliebtes Urlaubsziel für Familien mit Kindern, auch wegen der flach abfallenden Strände. Als Ausflugsziel beliebt: das **Palma Aquarium** › S. 19.

Info

Touristinfo
S'Arenal][Calle Terral 23
Tel. 971 669162 (Mai–Nov.)

Südwesten

Nicht verpassen!
- Im Nobelhafen Porto Portals den Duft der großen, weiten Welt schnuppern
- Ein Wiedersehen mit Flipper im Delfinarium Marineland – nicht nur für Kinder ein Vergnügen
- Eine Reise in die Vergangenheit im Fincamuseum La Granja
- Von einem Aussichtsturm die wildzerklüftete Steilküste erleben
- Auf der Hafenmole von Port d'Andratx die Sonne untergehen sehen

Zur Orientierung

Mallorcas Südwesten reicht etwa bis zu der imaginären Grenzlinie Palma – Esporles – Banyalbufar. Die Küste zwischen Palma und Andratx wird von Buchten zwischen hohen Felsklippen gekennzeichnet. Sie ist nicht nur eine bei Touristen sehr beliebte Gegend, sondern auch das am schnellsten wachsende Siedlungsgebiet der Insel. Sicher hat dazu neben dem landschaftlichen Reiz auch die neuerdings stark verbesserte Verkehrsanbindung nach Palma beigetragen. Die Autobahn reicht bis Peguera, was die Fahrtzeit in die Hauptstadt auf 15 Min. verkürzt.

Während an den großen Sandstränden, z. B. Palmanova, Santa Ponça und Peguera, Bettenburgen aufragen, sind die Hügel des nahen Hinterlands mit Luxusdomizilen übersät. In den Ferienorten lockt eine Vielzahl von Freizeiteinrichtungen. Die Golfplätze aber haben den Südwesten zum Mekka des Sports mit den kleinen weißen Bällen gemacht. Etwas abgeschieden liegt Andratx mit seinem Hafen Port d'Andratx, einem Tummelplatz des europäischen Jetset.

Völlig anders präsentiert sich das bergige, regengrüne Hinterland, durch das einige der schönsten Touren führen. Dort liegen zwei touristische Highlights: der Naturpark Puig de Galatzó mit Wasserfällen und Abenteuerpiste sowie das Fincamuseum La Granja.

An der wildzerklüfteten Steilküste gewährt die gut ausgebaute Straße unvergleichliche Ausblicke. Pittoreske Dörfer wie Banyalbufar und Estellenç schmiegen sich an Felshänge, Schluchten öffnen sich meerwärts zu engen Buchten, die wenigen Fischerbooten Schutz bieten. Auch die Badeplätze sind beschränkt.

Touren in der Region

Panoramatour im Westen

> **4** Peguera › Galilea › Puigpunyent › Esporles › Banyalbufar › Estellenç › Andratx › Port d'Andratx
>
> **Dauer:** 80 km, 1 Tag
> **Praktische Hinweise:** Für die Rundreise durch das Bergland eignet sich nur ein Mietwagen, oder für Konditionsstarke das Fahrrad. Da der Reiz in der Landschaft liegt, sollte man sich einen trockenen Tag auswählen. Idyllische Plätze für Picknicks gibt es zuhauf.

Landschaftlich reizvoll ist bereits die Straße von **Peguera** › S. 70 in den Weiler **Capdellà** › S. 71, das Tor zu den Bergen. Als nächstes lockt **Galilea** › S. 71 mit einem

Besonderen Zauber entfaltet das Bergland zur Zeit der Obstblüte

spektakulären Blick auf die Küste vom Kirchplatz aus. Bergauf und bergab windet sich das Sträßchen nach **Puigpunyent** › S. 71. Das Straßendorf – hier bietet sich ein Spaziergang im ***Naturpark Puig de Galatzó** an – liegt wie **Esporles** › S. 72 in einem herrlich grünen Tal. Das ****Fincamuseum La Granja** › S. 72 lässt den bäuerlichen Alltag vergangener Zeiten wieder aufleben.

Eine Panoramastraße folgt der schroffen Steilküste, Wachttürme gewähren wundervolle Ausblicke. **Banyalbufar** › S. 73 und **Estellenç** › S. 73 sind ideal für eine Pause in ländlicher Umgebung. Über Serpentinen geht es nach **Andratx** › S. 73. Bis zum Promi-Hafen **Port d'Andratx** sind es noch 4 km. In den Cafés der Promenade lässt man den Tag in der Abendsonne stimmungsvoll ausklingen.

- **4** Panaromatour im Westen Peguera › Capdellà › Galilea › Puigpunyent › Esporles › Banyalbufar › Estellenç › Andratx › Port d'Andratx
- **5** Bootstour entlang der Küste Santa Ponça › Buchten der Südwestküste › Santa Ponça

Südwesten][Touren in der Region

Bootstour entlang der Küste

> **—5— Santa Ponça › Buchten der Südwestküste › Santa Ponça**
>
> **Dauer:** 2–5 Std.
> **Praktische Hinweise:** Bootstouren starten außer in Santa Ponça auch in Peguera (zwei Anleger), in Camp de Mar und in Sant Elm. Tickets werden in den Reisebüros der Ferienorte und in vielen Hotels verkauft. Preis 15–40 €, je nach Dauer und gebotenem Service.

Die Südwestküste mit ihren von hohen Klippen getrennten Buchten und die Sant Elm vorgelagerte Insel Sa Dragonera lernt man am besten vom Meer aus kennen. Während die Schiffe über die Wellen schaukeln, erlebt man das filmreife Panorama der Küste und ihres gebirgigen Hinterlandes. Auf den meistenteils mit Unterwasserfenstern ausgestatteten Schiffen kann man zudem die submarine Welt trockenen Fußes bewundern.

Für romantische Naturen gibt es Fahrten in die Nacht, die lockeren Partycharakter haben.

Unterwegs im Südwesten

Portals Nous 1

In Portals Nous und den umliegenden, kleineren Buchten besaßen früher reiche Palmesaner ihre Sommerresidenzen. Durch den Bau des Nobelhafens **Porto Portals** hat der Ort einen gehörigen Wachstumsschub erlebt. Über die breiten Flanierwege im Hafen mit ihren Luxusgeschäften und Edelrestaurants weht der Duft der großen weiten Welt. Die schnittigen Autos am Kai werden an Glamour nur noch von den Superjachten überboten. **Östlich der Marina beginnt ein kleiner, schöner Badestrand.**

Echt gut!

Das Delfinarium **Marineland** › S. 19 liegt direkt an der Abfahrt von der Autobahn.

Palmanova-Magaluf 2

Der Doppelort ist britisches Territorium, was sich in der Kneipen- und Restaurantkultur zu Füßen der Hotelklötze niederschlägt. Die etwas in die Jahre gekommene touristische Infrastruktur wurde jüngst u. a. durch den Bau der prächtigen Promenade, die alle Hauptstrände miteinander verbindet, deutlich aufgewertet.

Mit dem **Westernpark,** einer Kart-Bahn und dem **House of Katmandu** › S. 19 sind die Ferienorte Zentren des Vergnügungsangebots. Auf der Halbinsel **Cap de Cala Figuera** liegen einige schöne, verschwiegene Badebuchten.

Info

Touristinfo
- Palmanova][Pg. de la Mar 13
Tel. 971 682365
- Magaluf][P. Vaquer Ramis 1
Tel. 971 131126

Santa Ponça [3]

Mallorcas am schnellsten wachsender Ort hat sich mit drei herrlichen Plätzen zu einem Zentrum des **Golfsports** entwickelt. Abgesehen von dem piniengesäumten Hauptstrand gibt es mehrere attraktive Badebuchten, etwa am **Jachthafen**. Neben der Einfahrt erhebt sich ein Steinkreuz, Denkmal für die Landung von König Jaume I. 1229. Anfang September erinnern die Bewohner in einem <mark>farbenprächtigen Historienspiel</mark> an den Beginn der Conquista. Dazu gehören ein Umzug und die nachgestellte Schlacht am Strand.

Peguera [4]

Das ehemalige Fischerdorf war die erste touristische Siedlung im Südwesten. Schon in den 1950er-Jahren genossen einige wagemutige Urlauber nach einer abenteuerlichen Fahrt durch die Berge die Exklusivität dieser Enklave. Heute ist Peguera fest in germanischer Hand; deutsche Hausmannskost bekommt man nirgendwo auf der Insel preiswerter.

Oberhalb der drei weiten Badestrände ziehen sich die Villensiedlungen weit die Hügel hinauf. Während im Hauptort die übliche touristische Infrastruktur vorherrscht, hebt sich das auf steiler Klippe von Stararchitekt Pedro Otzoup erbaute Terrassendorf **Cala Fornells** durch seine Originalität vom Üblichen ab.

Zwischen Peguera und Camp de Mar schiebt sich das felsige **Cap Andritxol** weit ins Meer vor. Ein Teil der Halbinsel war zeitweilig in Besitz des deutschen Supermodels Claudia Schiffer. Ihr ist die Restaurierung eines alten Wachturms zu verdanken, zu dem ein Wanderweg führt.

Info

Touristinfo
Carrer Ratoli 1][Tel. 971 687083

Hotels

- **Villamil**
Av. Peguera 66][Tel. 971 686050
www.hesperia-villamil.com
Beliebtes Vier-Sterne-Strandhotel mit 125 Zimmern in einer weitläufigen, schattigen Gartenanlage. ●●●
- **Nilo**
Malgrats 9][Tel. 971 686500
www.grupotel.com
Frisch renovierte Anlage mit kleinem Spabereich, eigene Poolanlagen für Kinder. ●●

Calvià [5]

Es hat nur 2000 Einwohner und dennoch ist das Bauerndorf von einst Verwaltungssitz der Großgemeinde Calvià, die alle Küstenorte von Illetes bis Peguera umfasst. In diesem Gebiet verbringt rund ein Drittel der Mallorca-Urlauber die Ferien. Der Tourismus machte Calvià zur reichsten Gemeinde

In den Bergen bei Puigpunyent

Spaniens – entsprechend repräsentativ wird verwaltet: Das **Rathaus** am Ortseingang lässt keine Zweifel aufkommen. Architektonisches Gegenstück ist die massive Pfarrkirche **Sant Joan Bautista** aus dem 19. Jh. Gründe für einen Halt gibt es anderswo weit mehr.

Capdellà 6 und Galilea 7

Wie die Speichen eines Rades laufen die Straßen auf den schlichten Weiler **Capdellà** am Rand der Berge zu. Eine windet sich in zahlreichen Serpentinen aufwärts bis zum pittoresken Bergdorf **Galilea,** einem der höchstgelegenen Orte Mallorcas. Hübsch sitzt man in den beiden Lokalen am Kirchplatz und genießt bei schlichten, herzhaften Tapas-Gerichten das Küstenpanorama.

Puigpunyent 8

Von diesem Straßendorf werden schattige Platanenalleen und das üppige Grün der Umgebung in Erinnerung bleiben – und das luxuriöse Hotel Son Net.

Die Natur der Hochregion erschließt die ca. 4 km entfernte private *Parc de Natura La Reserva Puig de Galatzó 9 am Fuß des mit 1024 m höchsten Gipfels im Südwesten. Über 4 km führt ein Wanderpfad durch eine einzigartige Berglandschaft mit Schluchten und Wasserfällen und bietet Gelegenheit zu einem Bad in kristallklarem Quellwasser. In Gehegen leben Braunbären, Pfaue und Strauße; regelmäßig finden Vorführungen mit Greifvögeln statt. Ein Grillplatz liegt mitten im Park (auch Picknickpakete am Kiosk erhältlich). Abenteuerlustige wird das Adventure-Paket mit

Banyalbufar

Klettern im Hochseilgarten reizen. Man gleitet an Stahlseilen über Schluchten und testet den Gleichgewichtssinn auf Hängebrücken (tgl. 10–18/19 Uhr, Erw. 12,50 €, Kinder 3–12 Jahre 6,25 €, Adventure-Paket 26,50 €, www.lareservamallorca.com).

Hotels

■ **Es Ratxo Hotel & Spa**
Cami de Son Net][Tel. 971 147132
www.esratxohotel.com
Inmitten urwüchsiger Natur gelegen, verspricht die Anlage exklusive Erholung in völliger Abgeschiedenheit. Sehr geschmackvolle Verbindung von schlichter Eleganz des Interieurs und rustikaler Architektur. März–Sept. ●●●

■ **Gran Hotel Son Net**
Tel. 971 147000][www.sonnet.es
Luxuriös-opulente Ausstattung großzügiger Räume in einer Finca des 17. Jhs. Großer Pool, Gourmetrestaurant. Mallorcas nobelstes Boutiquehotel. ●●●

Esporles ⑩

Es scheint, dass die Neuzeit nur zögernd Einzug in dieses malerische, ruhige Bergdorf hält. Erst abends beleben sich die Gassen.

Außerhalb liegt das ****Fincamuseum La Granja** ⑪. Die Ursprünge des Gutshofs sowie das Bewässerungssystem gehen auf die Mauren zurück. In den Gebäuden sind nun Werkstätten für alte Handwerke eingerichtet; zweimal pro Woche zeigen Meister ihr Können (nur im Sommer Mi, Fr 15–16.30 Uhr). Das Herrenhaus illustriert das Leben der Oberschicht im 19. Jh. Finsteres Gegenstück dazu ist das Verlies.

Auf dem Rundgang kommt man an Gehegen einheimischer Tiere vorbei und kann sich abschließend im Innenhof bei einer Weinprobe mit Schmalzgebäck (*bunyols*) stärken. Es gibt auch eine Cafeteria (tgl. 10–19, im Winter bis 18 Uhr, Erw. 12,50 €, Kinder 6 €, www.lagranja.net).

Hotel

La Posada del Marqués
Urb. Verger s/n, 4 km von Esporles
Tel. 971 611230][www.posadadelmarquesmallorca.com
In diesen Mauern aus dem 16. Jh. sind Sie für Ferien nach nobelster Gutsherrenart richtig – mit Blick auf Palma. Restaurant in der alten Ölmühle. ●●●

Restaurant

Mesón la Villa
C. Nou de Sant Pere 5][Tel. 971 610901
Mallorcas Spezialitäten vom Grill und im Tontopf. ●●

Südwesten][Andratx

Banyalbufar [12]

Kleiner Weingarten am Meer – das bedeutet der Ortsname aus arabischer Zeit. Damals wurde die Steilküste mittels Terrassen und ausgeklügelter Bewässerung in einen blühenden Garten verwandelt. Hier gedeiht der berühmte Malvasier-Wein, eingeführt von griechischen Siedlern der Antike. Viele Häuser kleben wie Schwalbennester am Hang. In einigen verkaufen hübsche Läden Kunsthandwerk: **Brodats Mallorquins** bestickte Tischdecken und **Aina d'Es Camp** formschöne Keramik.

Hotel

Mar i Vent
Carrer Major 49][Tel. 971 618000
www.hotelmarivent.com
Freundliche Zimmer mit fantastischem Meerblick; Pool. ●●

Restaurant

Son Tómas
C. Baronía 17][Tel. 971 618149
Spezialität: Paella. ●●

Estellenç [13]

Auch Estellenç liegt auf Terrassen am Steilhang. Enge Kopfsteinpflastergassen ziehen sich bis zum Anlegeplatz der Fischerboote am Meer. Vor den Bootshäusern kann man sich am Kiesstrand sonnen und auch baden. An der Hauptstraße gibt es einige Läden mit Kunsthandwerk und Cafés, gute einheimische Küche serviert **Son Llarg** an der Plaça de la Constitució 6 (Tel. 971 618564, ●●).

Hotel

Maristel
C. E. Pascual 10][Tel. 971 618550
www.hotelmaristel.com
Nach der umfassenden Renovierung genießt man die unvergleichliche Lage des Maristel um ein Vielfaches mehr. Pool, Tennisplatz. ●●

Andratx [14]

Rund 10 000 Einwohner zählt das Städtchen, das dank fruchtbarer Böden lange von der Landwirtschaft lebte. Die festungsartige Kirche erinnert an die vielen Piratenüberfälle – die grausamsten fanden um 1551 statt. Viele repräsentative Häuser und ein **Theater** wurden zu Beginn des 20. Jhs. von Andratxins erbaut, die wohl-

Unvergessliche Panoramen

Echt gut!

■ **Torre de Ses Animes** und **Mirador de Ricard Roca**: Die beste Aussicht auf die zerklüftete Nordküste gewähren diese Wachttürme westlich von Banyalbufar ➤ S. 73.

■ **Castell d'Alaró**: 100 m senkrecht abfallende Felsen schützten einst die Burg, die die große Ebene der Inselmitte überblickt ➤ S. 81.

■ **Mirador des Colomer**: schwindelerregende 232 m über dem Meer ein grandioser Blick in die Tiefe, zur Insel Colomer und über die Küste bis zum Cap de Formentor ➤ S. 97.

■ **Puig de Sant Salvador**: freistehender Klosterberg ➤ S. 126.

■ **Puig de Randa**: das 360°-Panorama vom Heiligen Berg ➤ S. 134.

habend aus der Karibik zurückkehrten. Oberhalb des Ortes liegen der Friedhof und das auf einen arabischen Palast zurückgehende Gut **Son Mas,** heute Sitz der Gemeindeverwaltung. Der Ort erwacht Mittwochvormittag zu turbulentem Leben, wenn der sehenswerte Markt stattfindet.

Port d'Andratx 15

Der Hafenort hat sich in den letzten 20 Jahren stark verändert. Es waren gut betuchte Europäer, die den Boom auslösten. Auf den steilen Hügeln um den Hafen und im benachbarten Camp de Mar haben neben deutschem und britischem Geldadel Prominente aus Film, Fernsehen, Politik und Wirtschaft ein Domizil gefunden.

Vor der Fischhalle **Sa Llonja** liegen noch traditionelle *llauts*, in der Marina gegenüber Luxusjachten, der chromblitzende Stolz der heutigen Seefahrer.

Am Ende der von Cafés und Restaurants gesäumten Promenade führt eine schmale Straße auf die Klippe **Cap de sa Mola.** Das Hochplateau, früher ein beliebter Aussichtspunkt, wurde inzwischen mit einer Urbanisation verschandelt. Zahlreiche Häuser und Villen des bekannten Architekten Pedro Otzoup säumen die Straßen.

Hotel

Villa Italia
Camino de San Carlos 13
Tel. 971 674011
www.hotelvillaitalia.com
Romantisches, hervorragend ausgestattetes Hotel in fantastischer Lage oberhalb der Bucht. Pool im römischen Stil, Sauna und Fitnessräume. ●●●

Restaurants

■ **Layn**
Av. Almirall Riera Alemany 20
Tel. 971 671855][www.layn.net
Terrasse mit Blick auf die Bucht, Fischspezialitäten (Mo geschl.). ●●●

■ **Casa Galicia**
C. Isaac Peral 52][Tel. 971 671338
Frischer Fisch und Schalentiere; Spezialität: *pulpo gallego.* ●●

Camp de Mar 16

Durch schattige Kiefernwälder schlängelt sich eine Landstraße von Port d'Andratx über eine Klippe an der steinigen **Cala Llamp** vorbei zum Badeort Camp

Abendstimmung in Port d'Andratx

Südwesten][Sant Elm

de Mar. Hinter den Hotels rund um den schönen Strand erstrecken sich die Greens des **Golf de Andratx** (www.golfdeandratx.com) mitsamt Nobelsiedlung und Fünf-Sterne-Hotel. An der Steilküste wurde die Urbanisation buchstäblich in den Felsen gehauen. Prominente Nachbarn waren dort Claudia Schiffer und Willy Weber, der ehemalige Manager der Schumacher-Brüder.

Hotel

Dorint Royal Golfresort & Spa
C. Taula 2][Tel. 971 136565
www.dorintresorts.com/mallorca
Gediegener Luxus in einer Großanlage neoarabischer Architektur. Helle, großzügige Zimmer mit Blick auf das Meer oder Fairways und Berge. ●●●

S'Arracó 17

Durch die Gartenlandschaft der Horta d'Andratx gelangt man zu der idyllischen Ortschaft, die mitten im lieblichen, im Sommer sehr heißen Palomera-Tal liegt. In der Pfarrkirche wird die aus Marmor gearbeitete Heiligenstatue Nostra Senyora de Sa Trapa verwahrt, die im 18. Jh. von französischen Trappisten hierher gebracht wurde. **Sarracotta** an der Durchgangsstraße (C. Francia 106) verkauft auffallend schön gestaltete Glas- und Korbwaren.

Restaurant

La Tulipe
Pl. de Toledo 2][Tel. 971 671449
Lecker: Lammrücken mit Rösti oder Wachteln in Portwein. So geschl. ●●

Sant Elm 18

Erst in den letzten Jahren hat der Tourismus den Küstenort entdeckt. Nicht nur für Taucher ist er einen Abstecher wert. Neben dem Hauptstrand mit Kies liegt ein kleiner Sandstrand am Fuß des einzigen großen Hotels. Wer mehr Einsamkeit sucht, findet in den Felsklippen ein stilles Plätzchen.

Am Ortsende kann man Fisch und Meeresfrüchte auf den Terrassen der einfachen Fischlokale genießen, die schöne Ausblicke auf **Sa Dragonera** bieten.

Eine beliebte Wanderung (ca. 4 Std., festes Schuhwerk und Proviant notwendig) führt zu den Ruinen des Klosters **Sa Trapa.**

Tauchschule

Scuba Activa
Pl. Monseñor Sebastian Grau 7
Tel. 971 239102
www.scuba-activa.com

Sa Dragonera 19

Fast bedrohlich erhebt sich vor Sant Elm die dunkle Felsmasse der 290 ha großen »Dracheninsel« aus dem Meer. Einst diente sie Piraten und Schmugglern als Basis, seit 1988 ist sie ein **Naturpark** (Infozentrum). Mit dem Ausflugsschiff »Margarita« (Tel. 639 617545, 696 423933, Hin- und Rückfahrt 10 €) kann man im Sommer stündlich von Sant Elm aus zu dem Vogelparadies übersetzen. Die Wanderwege sollten aus Respekt vor der Fauna nicht verlassen werden.

Zentrale Serra de Tramuntana

Nicht verpassen!
- Ein Chopin-Konzert im Kreuzgang des Kartäuserklosters von Valldemossa
- Den Blick vom Marmortempelchen des Erzherzogs Ludwig Salvator auf die romantische Küste
- Die Aussicht vom Friedhof in Deià, dem vielleicht am schönsten gelegenen im Mittelmeerraum
- Einen Spaziergang durch die Gärten von Sóller, in denen Tausende von Orangen- und Zitronenbäumen duften
- Die spektakuläre Serpentinenfahrt zur Schlucht Sa Calobra – Nervenkitzel inbegriffen

Zur Orientierung

Die Serra de Tramuntana beherrscht die gesamte Nordwestküste. Alle Gipfel über 1000 m Höhe – mit Ausnahme des Galatzó – liegen in ihrem Mittelteil. Das Gebirge entstand vor 38 Mio. Jahren durch das Aufeinanderprallen der europäischen und afrikanischen Kontinentalplatte. Selbst auf den Gipfeln findet man daher Fossilien von Meerestieren. An der Seeseite prägen markante Einschnitte der Sturzbäche die Steilhänge. Die Erosion schuf Naturdenkmäler wie die Schlucht Sa Calobra und den Torrent de Pareis. Die meist trockenen *torrents* verwandeln sich nur nach Regenfällen in wilde Sturzbäche, die häufig Überschwemmungen verursachen. Einziger Schutzhafen ist Port de Sóller, in dessen von Bergen umrahmter Bucht auch die einzigen Sandstrände der Nordküste liegen – mit der entsprechenden Ballung von Hotels.

Über 100 km erschließt eine gut ausgebaute Landstraße die dünn besiedelte Gebirgsregion. Dort liegt auch das Kloster Lluc mit seiner Schwarzen Madonna, das bekannteste Wallfahrtsziel.

Zum Inselinneren hin sind die Täler sanfter als an der Küste. Ein besonders schönes Fleckchen, vor allem zum Wandern während der Obstbaumblüte im Frühjahr, ist

Mitten über den Hauptplatz von Sóller rattert die alte Straßenbahn

das Tal von Orient. Seinen Eingang bewacht das Castell d'Alaró hoch über dem Weinbaugebiet Es Raiguer, dessen Hauptort die Lederstadt Inca ist.

Touren in der Region

Auf den Spuren berühmter Gäste

— 6 — Palma › Valldemossa › Deià (› Soller) › Palma

Dauer: 1 Tag; Palma–Deià–Palma ca. 68 km; Rundfahrt über Sóller ca. 76 km.
Verkehrsmittel: Linienbusse verkehren von Palma (Plaça Espanya) nach Valldemossa, Deià und Sóller, außerdem ist Valldemossa Ziel von Bustouren. Tickets bekommt man in vielen Hotels. Für die gesamte Runde bis Deià/Sóller sollte man allerdings einen Mietwagen nehmen.
In Valldemossa sind die Klosterräume nur im Sommer auch am Sonntagvormittag geöffnet, Son Marroig und Robert Graves Haus in Deià sind ganzjährig So geschl.

Als Frédéric Chopin und seine Geliebte George Sand sich 1838 für einige Monate in den Mönchszellen des Klosters von ***Valldemossa** › S. 81 einmieteten, sah niemand die Folgen voraus. Heute erlebt der Ort tagtäglich Scharen von Chopin-Verehrern.

An der landschaftlich spektakulären Küstenstraße nach Deià liegt das Gut **Son Marroig** > S. 84, einst Sitz des Erzherzogs Ludwig Salvator und nun ein seinem Wirken gewidmetes Museum. Lieblingsplatz des vielgereisten Erforschers des Mittelmeers war ein Tempel, von dem der Blick über die Küste schweift.

In *Deià > S. 85 haben sich schon vor Jahrzehnten Künstler niedergelassen. Wegen der Aussicht lohnt der Friedhof einen Spaziergang. Außerdem liegt der britische Schriftsteller R. Graves hier bestattet. Sein früheres Haus ist nun ein reizvolles Museum. Herrliche Küstenpanoramen gewährt die weitere Strecke bis Sóller > S. 87.

Wanderung durch die Zitrushaine

— 7 — Sóller > Biniaraix > Fornalutx > Sóller

Dauer: Tour ca. 8 km, 2–3 Std.
Verkehrsmittel: Sóller ist, so man nicht mit dem Auto fährt, ab Palma mit der bekannten Sóller-Bahn > S. 14 zu erreichen (letzte Rückfahrt 18.30 Uhr). In der Gegend gibt es außerdem schicke Landhotels, die schöne Standquartiere für ambitionierte Wanderer sind.

Wer im Frühjahr oder Frühsommer nach Mallorca kommt, sollte entweder im Rahmen der Tour in das Orangental von Sóller > S. 87 oder unabhängig davon einen ausgedehnten Spaziergang durch die blühenden Gärten und weit-

— 6 —
Auf den Spuren berühmter Gäste Palma > Valldemossa > Deià (> Soller) > Palma

— 7 —
Wanderung durch die Zitrushaine Sóller > Biniaraix > Fornalutx > Sóller

— 8 —
Durch die Berge ans Meer Sóller > Sa Calobra > Kloster Lluc

— 9 —
Über die Südhänge der Serra Palma > Raixa > Alfàbia > Bunyola > Orient > Alaró

Serra de Tramuntana][Touren in der Region

läufigen Zitrushaine des Tals unternehmen. Von der Plaça de la Constitució (Hauptplatz) in Sóller folgt man der Straße nach **Biniaraix** › S. 89, die bald in einen ausgeschilderten Wanderweg durch die Gärten übergeht. Der Weiler mit seinen kompakten Steinhäusern hat sich seinen ursprünglichen Charakter vollständig bewahrt. Das öffentliche Leben spielt sich am kleinen Dorfplatz mit Kirche und Kneipe ab.

Leicht ansteigend zieht sich ein herrlicher Weg quer durch das Tal hinauf nach ***Fornalutx** › S. 89. In diesem Bergdorf wie aus dem Bilderbuch laden die Gassen zu einem Bummel, mehrere Restaurants und Cafeterias zum Verweilen ein. Der Weg zurück nach Sóller (ausgeschildert) führt abermals durch die Orangen- und Zitronenplantagen mit ihrem betörenden Duft.

Durch die Berge ans Meer

— 8 — Sóller › Sa Calobra › Kloster Lluc

Dauer: mit Anfahrt von diversen Orten der Insel 1 Tag, Entfernungen nach Lluc: ab Palma via Soller ca. 60 km; Inca ca. 35 km; Pollença ca.40 km
Verkehrsmittel: Der Mietwagen ist ideal, Busausflüge gibt es nach Sa Calobra.
Der bequemste, aber wegen der Maut auch teuerste Weg von Palma nach Sóller führt durch den Tunnel (4,70 € pro Durchfahrt) und verkürzt die Anfahrt um ca. 10 km. Alle anderen Zufahrten sind serpentinenreiche Bergstrecken, aber landschaftlich weit schöner. Bisweilen bilden sich Staus auf der Serpentinenstrecke nach Sa Calobra, vor allem am Wochenende, wenn auch in Lluc Hochbetrieb herrscht. Die schönsten Lichtstimmungen erlebt man am frühen Morgen oder nachmittags.

Von **Sóller** › S. 87 fährt man auf der sich langsam in die Höhe windenden, gut ausgebauten Landstraße ostwärts. Die weite Bergregion zwischen Fornalutx und Pollença ist spärlich besiedelt. Man passiert mehrere Tunnel und kommt an den für die Wasserversorgung wichtigen **Stauseen Cúber** und **Gorg Blau** vorbei.

An der Abzweigung links nach ***Sa Calobra** › S. 90 beginnt das Abenteuer. Hier lautet die Devise: Der Weg (rund 14 km Serpentinen und 800 m Höhenunterschied) ist das Ziel. Besonders spannend ist die Strecke für jene, die in einem der Busse auf den hinteren Plätzen sitzen. In Spitzkehren hängen sie buchstäblich in der Luft.

Der Popularität der Tour verdanken die unzähligen Cafeterias und Ausflugslokale von Sa Calobra ihr Auskommen, aber zwischen 10 und 15 Uhr herrscht fast schon zu viel Trubel.

Durch einen Fußgängertunnel im Fels gelangt man an den Kiesstrand des **Torrent de Pareis** › S. 90, den Steilfelsen umschließen. Wer Ruhe sucht und mit dem eigenen Fahrzeug unterwegs ist, kann an die Nebenbucht **Cala Tuent** ⟩ S. 90 ausweichen. Auch dort serviert ein einfaches Lokal Tapas und Erfrischungen.

Zurück auf der MA 10 in Richtung Pollença erreicht man **Escorça**, mit 200 Einwohnern eines der kleinsten Dörfer Mallorcas, und bald darauf die Abzweigung nach links zum ****Santuari de Lluc** ⟩ S. 91. Es ist das größte Pilgerziel der Insel. Vor allem sonntags strömen die Mallorquiner zur Klosterkirche (17. Jh.), um ihre Madonna zu besuchen. Wer geschichtlich interessiert ist, sollte das Klostermuseum mit Funden auch aus der Talaiot- und Römerzeit nicht auslassen.

Noch idyllisch und ruhig: die Cala Tuent bei Sa Calobra

Über die Südhänge der Serra

—9— **Palma ⟩ Raixa ⟩ Alfàbia ⟩ Bunyola ⟩ Orient ⟩ Alaró**

Dauer: mit Anfahrt 1 Tag
Verkehrsmittel: Der Mietwagen ist unverzichtbar, nur Wanderer mit guter Kondition können ab Palma die Sóller-Bahn bis Bunyola nehmen, bis Alaró wandern und von dort mit der Inca-Bahn zurückfahren. Der Bahnhof liegt 3 km vom Ort entfernt.

Es gibt keine schönere Tour auf der dem Inselinneren zugewandten Südflanke des Tramuntana-Gebirges als diese. An der Landstraße Palma–Sóller bieten sich zwei Abstecher zu wunderbaren Gartenanlagen an, der erste nach ca. 10 km links zum Besitz **Raixa**. Den 2008 wiedereröffneten Sommerpalast des Kardinals Despuig aus dem 18. Jh. umgibt ein neoklassizistischer Park mit einem großen Bassin, zu dem eine Freitreppe führt. Die Gebäude werden als Tagungs- und Informationszentrum für Umweltangelegenheiten genutzt (Park und Kapelle tgl. 10–17 Uhr).

Um die in maurischer Zeit angelegten Gärten von **Alfàbia** ⟩ S. 92 zu sehen, fährt man weiter in Richtung Tunnel und zunächst an der Zufahrt nach Bunyola vorbei. Kurz vor dem Mauthäuschen des Tunnels liegt rechts der Eingang. Sowohl der idyllische Park als auch das schmucke Haus lohnen den Besuch.

Serra de Tramuntana][Valldemossa

Rings um das Dorf **Bunyola** › S. 92 dehnen sich weite Terrassen mit Mandel- und Ölbäumen aus – ein romantisches Fleckchen, um am Hauptplatz Halt zu machen und sein Flair bei einer Erfrischung zu erleben.

Ostwärts windet sich eine enge Landstraße in endlosen Serpentinen bergauf durch einen dichten Steineichenwald. Nach einer kürzeren, aber ebenso kurvigen Fahrt bergab gelangt man in das Hochtal von **Orient** › S. 92, auch dies ein malerischer Weiler mit mehreren Restaurants für eine Rast. Im Frühling, wenn Tausende von Apfelbäumen blühen, ist das Gebiet ein Augenschmaus.

Das fruchtbare Tal weitet sich bei **Alaró** › S. 93 zur Ebene Es Raiguer. Der Ort kann nicht mit Attraktionen aufwarten, kurz vorher aber zweigt eine Straße zum **Castell d'Alaró** ab, das den Eingang zur Hochregion bewacht. Spätestens auf dem Platz bei dem sehr einfachen Gasthof Es Verger sollte man parken.

Der Aufstieg zu Fuß zum hohen Felsen mit der Ruine, einer Kapelle und einem Ausflugslokal, das auch einfache Schlafstellen anbietet, ist in etwa 45 Min. zu schaffen. Nur wenige Miradores können mit dem Castell konkurrieren, von dem die Aussicht über die halbe Insel reicht. **Echt gut!**

An den teilweise weit über 100 m senkrecht abfallenden Felsen üben Extremkletterer selbst im Winter Freeclimbing.

Unterwegs in der Region

3 ***Valldemossa

Bereits aus der Ferne beeindruckt das Bild der dicht gedrängten ockerfarbenen Häuser rund um das Kartäuserkloster, das von hohen Zypressen umgeben wird. Es ist der Mittelpunkt eines sattgrünen Hochtals. Tagsüber wimmelt der Ort von Kulturpilgern aus aller Welt. Ihr Ziel: die Klosterzellen, in denen das Liebespaar Sand und Chopin einst schreibend und komponierend einen Winter verbrachte. Wer sich von dem rund um den Klosterkomplex herrschenden Trubel erholen möchte, sollte in den unteren Teil der Ortschaft spazieren. In den blumengeschmückten Gassen scheint die Zeit stehen geblieben zu sein.

**Kartäuserkloster

Sa Cartoixa wurde 1399 von Martí von Aragón gegründet, der den Königspalast und die dazugehörigen Ländereien Mönchen des Kartäuserordens überließ. Nach der Säkularisation 1835 verkaufte der Staat einzelne Gebäudeteile an Privatpersonen. Bis heute ist jede Zelle Privateigentum. In einigen haben sich Museen eingerichtet, andere dienen ihren Besitzern als Sommerwohnung.

Der **Rundgang** beginnt in der barocken **Klosterkirche.** Die Kuppel schmücken Fresken von Manuel Bayeu, einem Schwager von Goya. Von der im 17. Jh. eingerichteten **Klosterapotheke** mit bemaltem Kreuzgewölbe profitierte auch die Bevölkerung.

Die **Zellen 2 und 4** dienten George Sand und Frédéric Chopin als Wohn- und Arbeitsräume. In Zelle 2 sind Zeichnungen und Fotos, Porträts und Briefe der beiden, dazu Originalpartituren ausgestellt. Als besondere Memorabilien werden eine Haarlocke von Chopin und ein Elfenbeinkamm präsentiert. Auf dem einfachen mallorquinischen Klavier spielte Chopin als Behelf, bis sein Hammerklavier von Pleyel eintraf. Von der Gartenterrasse, auf der Rosen, Lilien, Kakteen, Apfelsinen- und Zitronenbäume gedeihen, reicht der Blick bis zur Ebene von Palma (März–Okt. Mo–Sa 9.30–18.30, Winter bis 16.30 Uhr, So nur im Sommer 10–13 Uhr, Eintritt 8,50 €, Gruppenrabatt).

Der sehenswerte **Klostergarten** ist frei zugänglich.

Alljährlich im Juli und August findet in der Kartause ein Chopin-Festival statt. ==Virtuosen aus aller Welt stellen hier ihr Können unter Beweis== (Tel. 971 612351, www.festivalchopin.com). `Echt gu`

`Buch-Tipp` George Sand, **Ein Winter auf Mallorca** (Insel Verlag 2006).

Museu Municipal

In einem Teil des Klosters fand das Städtische Museum schöne Ausstellungsräume. Sein Prunkstück ist die Druckerpresse mit der bemerkenswerten Druckstock-

---

Prominente Gäste

Im November 1838 reiste die französische Schriftstellerin George Sand in Begleitung ihrer beiden Kinder mit Frédéric Chopin nach Mallorca. Ein Klimawechsel sollte den Gesundheitszustand des schwächlichen Sohnes und des schwindsüchtigen Geliebten verbessern. Nach einem kurzen Aufenthalt am Rand der Inselhauptstadt bezog das Paar im säkularisierten Kloster von Valldemossa Quartier. Hier schrieb George Sand einen Reisebericht über die Insel, der später als »Ein Winter auf Mallorca« veröffentlicht wurde, und Chopin komponierte u. a. sein »Regentropfen-Prélude«.

Mit Beginn der winterlichen Regenzeit verschlechterte sich der Gesundheitszustand Chopins zusehends, er litt unter der Kälte und Feuchtigkeit. Zudem standen die Einwohner Valldemossas dem Paar unverhohlen feindlich gegenüber, hatten Angst vor der mysteriösen Krankheit des Komponisten und verachteten seine Gefährtin, die in Männerhosen herumlief. Die Abneigung beruhte auf Gegenseitigkeit, zumal Sand kein gutes Haar an den Insulanern ließ. Im Februar 1839 trat das Paar die Rückreise an.

Serra de Tramuntana][Valldemossa

Valldemossa, einst Winterrefugium von Chopin

sammlung der 1579 in Palma gegründeten Druckerei Guasp, einer der ältesten in Europa. Die **Sala de l'Arxiduc** erinnert an Erzherzog Ludwig Salvator › S. 85, die Gemäldegalerie zeigt Landschaftsbilder der Insel. Die **Abteilung für zeitgenössische Kunst** besitzt Werke von Max Ernst, Antoni Saura, Hans Hartung, Joan Miró und Henry Moore.

Palau del Rei Sanxo

König Jaume II. ließ den Palast neben dem Kloster für seinen an Asthma leidenden Sohn Sanxo errichten. Das Königshaus nutzte den Besitz später als Falknerei und Ausgangspunkt für Jagdpartien im Gebiet des Teix. Zeitweilig residierten hier die spanischen Dichter und Denker Azorin, Santiago Rusinyol und Unamuno als Gäste (Öffnungszeiten wie Kartause, Besichtigung im Eintrittspreis für diese enthalten).

Centre Cultural Costa Nord

Mit Unterstützung von Hollywoodstar Michael Douglas entstand das Kulturzentrum mit Ausstellungsräumen, Bar-Restaurant und Boutique. Ein Film stellt die

Heilige Catalina Tomàs

Hinter der Kirche Sant Bartomeu (13. Jh.) steht im Carrer Rectoria ein Denkmal für Catalina Tomàs. 1531 soll sie im Haus Nr. 5 geboren sein; heute befindet sich darin eine Kapelle. Die hochverehrte Bauerntochter wurde von einem Gönner nach Palma geholt, wo sie in einem Adelspalast diente und später in das Magdalenenkloster eintrat; in der Klosterkirche liegen ihre Gebeine. Nach ihrem Tod 1574 wurde Catalina selig, 1930 heilig gesprochen. Fliesenbilder an den Häusern erzählen von ihrem Leben.

Gemütliches Lokal in Valldemossa

Serra de Tramuntana vor (Avda. de Palma 6, tgl. 9–17 Uhr, www.costanord.es).

Abstecher

Über eine abenteuerlich gewundene, schmale Straße gelangt man hinunter zum **Port de Valldemossa** 2, einer 6 km entfernten Felsenbucht, wo man sich nach dem Kulturprogramm kulinarischen Freuden widmen und ein erfrischendes Bad im kristallklaren Meer nehmen kann.

Hotels

■ **Mirabó**
Am Hang gegenüber dem Dorf, Einfahrt ca. 3 km vor Valldemossa rechts
Tel. 661 285215][www.mirabo.es
Luxushotel in einem schlichten, modernen Stil in altem Herrenhaus, Panoramablick auf die unvergleichliche Kulisse des malerischen Dorfs. ●●●

■ **Son Brondo**
An der alten Landstraße
Palma–Valdemossa, km 15,2
Tel. 971 612258
www.fincasonbrondo.com
Zauberhaftes familiäres Fincahotel in einem mittelalterlichen Landgut mit sechs Zimmern. ●●

Restaurants

■ **Ca'n Costa**
Landstraße Richtung Deià
Tel. 971 612263
Mallorquinische Küche in rustikalem Ambiente: Eine alte Ölmühle wurde zum Lokal umgestaltet. Di geschl. ●●

■ **Sa Costa**
C. de Jovellanos][Tel. 971 612559
Das einfache Lokal direkt neben der Kartause bietet ein Mittagsmenü und Tapas an. ●

Die Landgüter des Erzherzogs

Nördlich von Valldemossa liegen oberhalb der Küste die Landgüter Son Moragues, Miramar, S'Estaca und Son Marroig, die ehemals im Besitz des Erzherzogs Ludwig Salvator › S. 85 waren. Das Herrenhaus **Son Marroig** 3 (18. Jh.) überblickt die Halbinsel **Sa Foradada** (»die Durchlöcherte«). Als Museum zugänglich, erinnert es mit einer Manuskriptsammlung, Fotografien und Zeichnungen an Person und Wirken des Wahlmallorquiners. In den Gartenanlagen fällt ein Rundtempelchen aus Carrara-Marmor auf – dies war der Lieblingsplatz des Erzherzogs (Mo–Sa 9.30–14, 15–19, im Win-

Serra de Tramuntana][Deià

ter bis 17 Uhr). Ab Mai finden in Son Marroig die stimmungsvollen Sunset Concerts und im Juli/August klassische Konzerte des Sommerfestivals von Deià statt.

Auch das benachbarte, stattliche Landhaus **Miramar** wurde Museum und Veranstaltungsort für Konzerte (Di–So 9.30–14, 16 bis 19 Uhr, im Winter bis 18 Uhr).

Hotel

Sa Pedrissa
Nahe Deià][Tel. 971 639111
www.sapedrissa.com
Vormals das Gästehaus des Erzherzogs, empfängt es nun als **schickes Landhotel mit bezauberndem Garten** zahlendes Publikum; Pool. ●●●

*Deià 4

Das berühmte Künstlerdorf klammert sich an die Hänge des 1062 m hohen **Teix**. Um den frei stehenden Kirchhügel leuchten in satten Ockertönen die Natursteinhäuser. Cafés, Restaurants, Galerien und kleine Geschäfte drängen sich beiderseits der schmalen Durchgangsstraße. Winkelige Gassen führen hinauf zum wegen der Aussicht wohl schönsten **Friedhof** der Insel, auf dem Robert Graves ❯ S. 86 begraben liegt.

Die **Pfarrkirche** besteht in ihrer heutigen Form seit dem 18. Jh. Ein Bild des hl. Sebastian von Adrià Ferran ziert den Altarraum.

Ein Habsburger zu Besuch

Wenn auf Mallorca vom S'Arxiduc, dem Erzherzog, die Rede ist, dann ist Ludwig Salvator von Habsburg-Toskana (1847–1915) gemeint. Er galt als großer Mittelmeerforscher und wurde auf der Pariser Weltausstellung für seine Beschreibung der Baleren mit einer Goldmedaille ausgezeichnet. Noch heute ist das siebenbändige Werk »Die Balearen, geschildert in Wort und Bild« die umfassendste Studie über die Inseln. Der Vielgereiste war nicht nur Seefahrer, Geograf, Landwirt, Literat und Künstler, sondern auch Umweltschützer und Vorreiter des modernen Tourismus.

Inkognito reiste Ludwig Salvator 1867 nach Mallorca und war begeistert. 1871 kam er erneut und kaufte im Folgejahr sein erstes Haus: Miramar – wo einst die Missionsschule von Ramon Llull gestanden hatte. Dem ersten Grunderwerb folgten weitere, bis sich seine Ländereien über 10 km entlang der Nordwestküste erstreckten. Der Erzherzog, der 14 Sprachen beherrscht haben soll, studierte nicht nur die Bräuche der Mallorquiner, sondern pflegte selbst Bauerntracht zu tragen. Zweifellos hatte er auch ein Faible für weibliche Schönheit – für die Tischlerstochter Catalina Homar aus Valldemossa kaufte er das Schlösschen S'Estaca (nun im Besitz von Michael Douglas).

Buch-Tipp Erzherzog Ludwig Salvator – Mallorcas ungekrönter König von Horst Joseph Kleinmann (Verlag Styria 1991).
Das Mallorca Ludwig Salvators heute erlebt von Herbert Heinrich (Band 4, Editorial Moll, Mallorca). Beide Titel z. Zt. nur antiquarisch erhältlich.

Serra de Tramuntana][Deià

Vor der Eroberung durch Jaume I. existierte im Gebiet von Deià eine maurische Siedlung. Im Mittelalter ließen sich Zisterzienser hier nieder. Türme und befestigte Häuser erinnern an die Piratenüberfälle des 17. Jhs. Seit Ende des 19. Jhs. hat sich Deià zu einer internationalen Künstlerkolonie entwickelt. Pioniere waren Erzherzog Ludwig Salvator, der katalanische Maler und Autor Santiago Rusiñol, die Literatin Anaïs Nin und der Maler und Archäologe William Waldren aus den USA. Mehr als die Hälfte der rund 700 Einwohner sind heute Ausländer.

Robert Graves (1895–1985), der englische Bestsellerautor, Poet und Förderer junger Künstler, kam 1929 nach Deià. Er gründete mit Waldren das **Museo Arqueológico** (Es Clot, Di, Do und So 17–19 Uhr, Tel. 971 639001).

Graves ehemaliges Wohnhaus **Can Alluny** an der Straße nach Sóller vermittelt ein interessantes Bild vom Leben des Schriftstellers (April–Okt. Mo–Fr 10–17, Sa bis 15 Uhr, Einlass bis 40 Min. vorher, Nov., Febr./März 1 Std. früher geschl., Dez./Jan. verkürzte Zeiten, Sa/So geschl., Tel. 971 636185, www.lacasaderobertgraves.com).

Beim Internationalen Musikfestival von Deià spielen renommierte Interpreten im Kirchlein auf dem Berg und in Son Marroig Kammermusik (April–Sept., Tel. 971 639178, www.soundpost.org).

Nur für schwindelfreie Autofahrer mit Kleinwagen eignet sich der enge Weg zur kleinen Kiesbucht **Cala de Deià**.

Hotels

■ **Es Molí**
Ctra. Valldemossa][Tel. 971 639000
www.hotelesmoli.com
Traumlage am Hang, inmitten üppiger subtropischer Vegetation; Zimmer im noblen Landhausstil. ●●●

■ **La Residencia**
Camí Son Canals][Tel. 971 639011
www.hotel-laresidencia.com
Luxushotel in drei stilvoll eingerichteten Landhäusern aus dem 16. Jh., exquisites Restaurant »El Olivo«. ●●●

■ **Miramar**
Ca'n Oliver][Tel. 971 639084
www.pensionmiramar.com
Pension in ehemaligem Bauernhaus in ruhiger Lage; einfache Ausstattung. ●

Restaurants

■ Abends sitzt man angenehm unter den multikulturellen Dorfbewohnern im **Café Sa Fonda** (Mo geschl., Sa Livemusik) oder in der Pizzeria **Las Palmeras** (Mi geschl., ●).

■ **Can Jaume** ▶ S. 42

Llucalcari 5

»Einen der schönsten Winkel der Welt« nannte Ludwig Salvator den Weiler mit seiner Handvoll Steinhäuser, den massiven Wehrtürmen und dem Kirchlein, das versteckt in den Olivenhainen an der Steilküste liegt (3 km von Deià).

Direkt im Ort dürfen nur Anwohner parken; Besucher müssen ihren Pkw auf einem der wenigen Plätze an der Zufahrtstraße abstellen. Wer auf der schönen Terrasse des Costa d'Or einen Drink nimmt oder im Restaurant isst, kann den Hotelparkplatz nutzen.

Llucalcari war ursprünglich ein maurisches Landgut

Hotel

Costa d'Or
Tel. 971 639025][www.hoposa.es
Eines der ältesten Inselhotels, wegen der herrlichen Lage ein Geheimtipp. Eleganter Mix aus traditioneller Architektur und frischem Design. ●●●

Sóller 6

Suliar (Muschel) nannten die Mauren die Stadt, die in einem Talkessel zwischen Mallorcas höchstem Berg, dem **Puig Major** (1445 m), und der Bucht des Port de Sóller liegt. Bevor der Tourismus das Städtchen (11 700 Einw.) entdeckte, trieben die Einwohner regen Handel mit Zitrusfrüchten, kurioserweise vor allem mit Südfrankreich. Viele der Obst- und Gemüsehändler in Marseille haben mallorquinische Wurzeln und der französische Einfluss ist bis heute im Tal spürbar. Die hohen Fassaden einer Bank und der Kirche **Sant Bartomeu** (16. Jh.) überragen die zentrale **Plaça de la Constitució**, eine der schönsten ihrer Art auf Mallorca. In den Bars rundum schmeckt der frisch gepresste Orangensaft in der Hitze besonders köstlich. Mitten über die Plaça rattert **der nostalgische Orangenexpress**, eine Oldtimer-Tram › S. 76, die den Bahnhof, Endstation der nostalgischen Sóller-Bahn › S. 14 mit dem 5 km entfernten Hafen verbindet (mehrere Haltestellen, 4 € je Fahrt). [Echt gut!]

Schwerpunkt des **Museu de Sóller** in einem Patrizierhaus ist die Ethnologie (C. de la Mar 13, Di–Fr 11–13, im Sommer 17–20, im Winter 16–19, Sa 11–13 Uhr).

Im **Botanischen Garten** (mit Naturkundemuseum) an der Straße nach Palma werden Pflanzen Mallorcas und anderer Gebiete rund ums Mittelmeer gezüchtet (Di–So 10–18, Winter 10–14 Uhr, www.jardibotanicdesoller.org).

Ein Denkmal (im Kreisverkehr der Ortsausfahrt zum Hafen) erinnert an die tapferen Frauen, die 1561 an der Seite ihrer Männer gegen eine Übermacht von 1700 türkischen Piraten kämpften. Jedes Jahr um den 10. Mai wird diese Heldentat beim Fest **Cristians i Moros – Ses valentes dones** in historischen Kostümen und mit Schlachtgetümmel inszeniert.

Buch-Tipp Führer durch Sóller (Assoc. Veu de Sóller) von Plàcid Pérez. Unterhaltsamer Begleiter durch Altstadt und Umgebung.

Info

Touristinfo
- In einem Eisenbahnwaggon vor dem Bahnhof][Tel. 971 638008
www.sollernet.com
- am Hafen][Canonge Oliver 10
Tel. 971 633042

Hotels

- **Fincahotel Ca'n Ai**
Camí de Son Sales 50
Tel. 971 632494][www.canai.com
Landgut aus dem 18. Jh., in einer Orangenplantage zwischen Sóller und Hafen gelegen. Mit viel Geschmack restauriert. Straßenbahn-Anschluss. ●●●
- **Agroturismo Cas Curial**
La Villalonga 23][Tel. 971 633332
www.cascurial.com
Stilvoll ausgestattetes Landhaus, umgeben von einem großen Zitrusgarten und doch nahe dem Ortszentrum. ●●

Shopping

Fet a Sóller, im Bahnhof. Leder-, Flecht- und Keramikarbeiten sowie Kulinarisches, hergestellt von Künstlern und Kleinbetrieben im Sóller-Tal.

Port de Sóller 7

Der einzige Schutzhafen an der Felsküste hat sich in den letzten Jahren stark verändert. Durch den Bau eines ca. 1,5 km langen Tunnels wurde die Hafenpromenade verkehrsfrei, nur noch die historische Straßenbahn › S. 87 darf am Meer entlang fahren. Der Hafen hat dadurch erheblich an Attraktivität gewonnen. Am Kai, Endstation der Tram, flicken die Fischer ihre blauen, grobmaschigen Netze. Gleich nebenan legen die Ausflugsboote zu den Kieselsteinbuchten Cala Tuent und Sa Calobra › S. 90 ab.

Die relativ enge Einfahrt in die fast kreisrunde Bucht wird von zwei Leuchttürmen bewacht. Zwar gehören der im Sommer meist übervölkerte **Sandstrand** und die nahe **Platja de'n Repic** nicht zu den besten der Insel, dafür hat der Hafen den Charme eines etwas altmodischen, aber gemütlichen Badeorts wiedergewonnen.

Hotels

- **Hotel Aimia**
Santa Maria del Camí 1
Tel. 971 631200
www.aimiahotel.com
Angenehmes Design-Hotel mit zuvorkommendem Service; Restaurant mit großzügiger Terrasse. ●●
- **Los Geranios**
Paseo de la Playa 15
Tel. 971 631440
www.hotel-losgeranios.com
Familiäres Haus am Strand, 23 behindertengerechte Nichtraucherzimmer, schönes Dachterrassenrestaurant. ●●

Restaurants

■ **Agapanto**
Playa d'en Repic][Tel. 971 633860
Internationale Küche bietet dieser Treff der örtlichen Bohème. Candlelight-Dinner, Livemusik und kulturelle Events, tagsüber Beachclub. ●●

■ **Es Faro**
Cap Gros de Moleta (neben dem Leuchtturm)][Tel. 605 991325
Vielseitige Karte, herrlicher Blick über die Bucht (Dez./Jan. u. Di geschl.). ●●

*Fornalutx 8

In das schmucke Dorf, das schon mehrfach im spanischen Wettbewerb um das »Schönste Dorf« gewonnen hat, führen zwei Straßen von Sóller hinauf. Die eine, eng und verwinkelt, zieht sich durch die Zitrusgärten. Die andere, neuere ist die breite MA 10. Nach knapp 6 km erreicht man auf ihr die Abzweigung nach Fornalutx und fährt von oben her in den Ort (Parkmöglichkeiten hier oder neben dem Festungsturm).

Treppauf, treppab geht es durch blumengeschmückte Gassen. Im Carrer des Vicari Solivellas steht das Rathaus. Das Treppchen vor dem **Palast Casal de Munt** (Carrer del Metge Mayol 10) diente einst dazu, den Reitern das Aufsitzen auf ihre Pferde und Maultiere zu erleichtern. Im Carrer Sa Font 7 schmücken bemalte Ziegel die Vordächer. Die Pfarrkirche **Santa Maria** (1639) beherrscht die Plaça Espanya, beliebter Treffpunkt ist dort die **Bar Deportivo.**

Rund um den netten Ortskern erstrecken sich Olivenhaine und Zitrusplantagen, so weit das Auge reicht. Die Mauren verwandelten das Land in einen Terrassengarten, durch den heute Wanderwege und gepflasterte Steige zu den gleichfalls pittoresken Weilern **Binibassí** und **Biniaraix** › S. 79 führen.

Hotels

■ **Sa Tanqueta**
Sant Bernat s/n][Tel. 971 638520
www.sa-tanqueta.com
Komfortables Aparthotel, mit Pool und herrlicher Aussicht. Ideales Quartier für Wanderer. ●●

■ **Balitx d'Avall**
Tel. 639 718506
balitx@hotmail.com
Ehemaliges Landgut in einem einsamen Tal, inzwischen ein Agro-Hotel mit 10 Zimmern (3 davon im alten Wehrturm). Deftige Küche. ●

Echt gut!

Ein Bilderbuchdorf: Fornalutx

Restaurant

Ca n'Antuna
Am nördlichen Ortsausgang
Tel. 971 633068.
Mallorquinische Spezialitäten wie Spanferkel und Schnecken in würzigem Sud. Mo geschl. •

Shopping

Ca'n Barquer
C. Major 6
Schicke Taschen, Hüte, Glaswaren aus Mallorca und **T-Shirts von Menorcas Stardesigner Biel Mercadal.** `Echt gut!`

4 *Sa Calobra / Torrent de Pareis

Von der MA 10 zweigt zwischen Sóller und Lluc die schmale Straße zur Schlucht **Sa Calobra** ab. Nur mit Hammer und Meißel wurde die Trasse 1932 in den Fels gehauen, heute zählt sie zu den größten Attraktionen der Insel.

Frühmorgens und am Spätnachmittag ist die Straße ein landschaftlicher Genuss, zwischen 10 und 15 Uhr und vor allem am Wochenende sind Verkehrsstaus leider an der Tagesordnung. Rund 15 km geht es auf spektakulären Serpentinen 800 m hinunter zur felsigen Bucht. Unterwegs durchfährt man den berühmten Krawattenknoten, wo sich die Straße in einer 300-Grad-Kurve einmal um die eigene Achse dreht.

Sa Calobra, aus ein paar Häusern bestehend, die sich um die felsige Bucht schmiegen, ist dem enormen Besucheransturm kaum gewachsen. Den Parkplatz (5,50 €/Tag) belegt immer eine Flotte von Bussen. Ebenso wie in der Cala Tuent (s.u.) legen hier auch **Ausflugsboote** aus Port de Sóller an.

Etwas ruhiger geht es an der Mündung des **Torrent de Pareis** zu, die durch einen Felsentunnel (nur für Fußgänger) mit Sa Calobra verbunden ist. Am Kiesstrand kann man die Sonne genießen oder im kristallklaren Wasser baden. Die breite Mündung wird bergwärts rasch enger – wer in die Schlucht vordringen will, sollte dies nur mit geeignetem Schuhwerk tun.

Bergerfahrung bzw. einen Führer braucht man, um von oben die Schlucht zu durchklettern, leider kommt die Bergwacht wegen unvorsichtiger Touristen regelmäßig zum Einsatz. Der Einstieg befindet sich in **Escorça** unterhalb des gleichnamigen Restaurants.

⚠️ Die Tour sollte nur bei Trockenheit und in Gruppen unternommen werden, niemals allein!

Panoramablick

Auf der Terrasse des *Mirador de Ses Barques** (westlich von Fornalutx) genießt man Bergluft und einen herrlichen Weitblick bis zu einem alten Wachturm am Meer. Ein schöner Wanderweg (ca. 5 Std.) führt hinunter zur Cala Tuent.

Cala Tuent

Die Bucht im Westen von Sa Calobra ist viel ruhiger. Nur wie lange noch? Aktuell tobt ein Streit

Serra de Tramuntana | Santuari de Lluc

um eine geplante Siedlung, die das ursprüngliche Kleinod grundlegend verändern würde.

Restaurant

Es Vergeret
Ctra. Sa Calobra s/n][**Escorca**
Tel. 971 517105][www.esvergeret.com
In dem Terrassenrestaurant sitzt man mit Blick aufs Meer; die Küche versteht sich auf lokale Spezialitäten. Nur tagsüber geöffnet, im Winter geschl. ●●

5 **Santuari de Lluc

Zu La Moreneta, einer Schwarzen Madonna in der Basilika aus dem 17. Jh., pilgern die Mallorquiner in Scharen. Ein Araberjunge namens Lluc soll das Heiligenbild einst gefunden haben. Seine Familie hatte sich nach der Niederlage der Mauren taufen lassen. Der Junge brachte die Statue in die romanische Kirche Sant Pere in Escorca, von wo die Jungfrau auf wundersame Weise immer wieder an ihren Fundort zurückkehrte. Unter Jaume I. baute man die erste **Marienkapelle,** die sich bald zu Mallorcas bedeutendstem Wallfahrtsziel entwickelte.

Vor allem am Sonntag kommen die Besucher aus allen Ecken der Insel, um La Moreneta zu sehen, den berühmten *Blavets* (ein Knabenchor) zu lauschen oder im Restaurant einzukehren.

Das **Museum** zeigt Funde aus der Talaiot-, Punier- und Römerzeit, ferner Keramik, Möbel, Münzen, Messgewänder und liturgische Gegenstände (So–Fr 10–14 Uhr).

Neben dem Parkplatz dehnt sich ein großes Freizeitgelände aus, das mit Tischen, Bänken und Feuerstellen für ein gemütliches Picknick ausgestattet ist. Dort liegt auch Mallorcas einziger **Campingplatz** › S. 25.

Das Kloster Lluc ist ein beliebtes Wallfahrts- und Ausflugsziel

Unterkunft

Lluc ist ein ideales Standquartier für ausgedehnte Spaziergänge und Wanderungen zu den höchsten Gipfeln Mallorcas. Preisgünstig nächtigt man in der **Pilgerherberge** (100 Zimmer, Tel. 971 871525, www.lluc.net, ●).

Restaurant

Es Guix
bei Lluc (Hinweisschild)
Tel. 971 517092][www.esguix.com
Ein im Steineichenwald versteckter Gasthof mit Naturschwimmbad. Spezialitäten: Lammbraten, gebackenes Zicklein, Spanferkel und hausgemachte Desserts. Di geschl. ●●

Shopping

Gefördert von der Balearen-Regierung führt der **Mercat Artesà** am Eingang zum Klostervorplatz ein ansprechendes Sortiment von Kunsthandwerk (Siurells, Glaswaren) und lokalen Produkten, u. a. Honig, Wein und Wurstwaren.

Echt gut!

Bunyola 11

Bunyola bedeutet zwar »kleiner Weinberg«, in erster Linie war es aber das hervorragende Öl, das dem Ort zu Reichtum und Ansehen verhalf. Die knorrigen Olivenbäume füllen die Ebene und teilen sich unzählige Terrassen mit Mandel- und Johannisbrotbäumen. Die Hänge oberhalb des Dorfes sind von Pinien- und Steineichenwäldern überzogen.

Den Hauptplatz mit Platanen überragt die Pfarrkirche, deren Hochaltar eine Alabasterfigur der »Jungfrau vom Schnee«, eine italienische Arbeit aus dem 15. Jh., schmückt. Das hübsche **Café Central** bei der Kirche serviert jeden Mittag ein preiswertes Menü.

Ende Mai bis Anfang Juni finden in Bunyola die **Maifeste** mit Tanz, Theater und Festessen statt. Ende Sept. wird des hl. Matthäus mit Patronatsfesten gedacht. Gleichzeitig beginnt das **Festival de Música de Bunyola** (bis Nov.).

Ausflug

Einen Besuch in Bunyola sollte man mit einen Abstecher zu den *****Jardines d'Alfàbia** (Lage › S. 80) verbinden, die etwas von maurischer Gartenbaukunst ahnen lassen. Im Schlösschen, einst Sommersitz des Wesirs, ziert die Decke des Eingangsturms maurisches Tafelwerk mit Elfenbeinintarsien aus der almohadischen Epoche (1170). Offen stehen auch die Wohnräume, die Bibliothek, in der als Prunkstück ein gotischer Stuhl (14. Jh.) gezeigt wird, sowie der Festsaal (April–Okt. Mo–Sa 9.30–18.30, Nov.–März bis 17.30, Sa bis 13 Uhr, Eintritt 4,50 €, www.jardinesde alfabia.com).

Restaurant

Am Eingang zu den Jardínes d'Alfàbia macht **Ses Porxeres** der katalanischen Küche mit Lamm-, Wild- und Stockfischgerichten wie *bacalao al romesco* alle Ehre. (Tel. 971 61 37 62, So abends und Mo geschl., ●●).

Orient 12

Im malerischen Weiler Orient scheint die Zeit stehen geblieben zu sein. Wenig mehr als ein Dut-

Serra de Tramuntana][Alaró

zend Natursteinhäuser umgeben den Dorfberg, überragt von der wuchtigen Pfarrkiche **Sant Jordi.** Von den beiden Restaurants an der Hauptstraße ist **Can Jaume** berühmt für seine knusprigen Spanferkel. Besonders im Frühling, wenn Tausende Obstbäume blühen, ist eine Wanderung in diesem Hochtal ein Genuss.

Hotel

Fincahotel Son Palou
Hinter der Kirche, eigene Auffahrt
Tel. 971 148282
www.sonpalou.com
Exquisites Landhotel (14. Jh.) mit Restaurant, ideal zum Abschalten und ein guter Standort für Wanderungen. ●●

Alaró 13

Das liebliche Tal von Orient endet bei Alaró, einem ruhigen Bauerndorf, dessen Häuser sich in die letzten Falten der Gebirgsausläufer schmiegen. Dank der fruchtbaren Böden lebt das Dorf noch vorwiegend von Landwirtschaft und Gartenbau.

Der Charme des alten Hauptplatzes verschwand mit dem Großteil der Schatten spendenden

Frühling in der Serra

Mallorquinischer Wein im Aufwind

Zwischen Alaró und Inca, dem Hauptort der Ebene **Es Raiguer,** liegt das wichtigste Weinanbaugebiet Mallorcas am Fuß der Berge. In der »Denominació d'Origen (D.O.) Binissalem« sind die Winzer dieses Ortes und der vier umliegenden Dörfer Consell, Santa Maria, Sencelles und Santa Eugenia zusammengeschlossen. Nach dem im 19. Jh. durch die Reblaus verursachten Niedergang der Weinkultur hatten nur wenige Winzer weitergemacht. Erst seit den 1980er-Jahren werden die Weingärten wieder belebt. Rund zwei Dutzend Bodegas produzieren inzwischen Weine, die selbst international Erfolge verbuchen. Höhepunkt des Winzerjahres in **Binissalem** ist das mehrtägige Weinfest **Festa de Vermar** Ende September. Zu bestimmten Zeiten strömt der neue Rebsaft sogar aus dem Dorfbrunnen. Die Kellereien können meist besichtigt werden, z.B. die größte in Binissalem: **Jose Luis Ferrer,** Tel. 971 511050, Mo–Fr 11 und 16.30 Uhr, mit Weinprobe, Preis 6 €, www.vinosferrer.com.

Bäume und der Neugestaltung der Plaça. Bemerkenswert bleibt das Restaurant **Traffic** für seine vorzügliche mallorquinische Küche (Tel. 971 5186809, ●●).

In Richtung Orient liegt die Auffahrt zur beeindruckenden Ruine **Castell d'Alaró** › S. 81 auf einem steilen Felsen.

Inca 14

Das alte Handwerkerzentrum (25 000 Einw.) ist der wirtschaftliche Mittelpunkt der Region **Es Raiguer** und bekannt vor allem für seine Lederindustrie. Hier werden Schuhe, Jacken, Mäntel, Brief- und Handtaschen produziert und sowohl in der Innenstadt als auch in Factory-Outlets am Stadtrand verkauft.

Ein Einkaufsbummel lässt sich ganz hervorragend mit dem Besuch eines der klassischen **Cellers** (› rechts) verbinden. Außer diesen hat Inca wenig an touristisch Sehenswertem zu bieten, sieht man von seinem gut erhaltenen historischen Zentrum rund um die Pfarrkirche **Santa Maria la Major** (frei stehender Glockenturm, 13. Jh.) und das mittelalterliche Kloster **Sant Doménec** ab.

Café - Konditorei

■ An der **Plaça Espanya** liegt nicht nur das Rathaus, sondern auch das nette **Café Mercantil**.

■ Naschkatzen finden im **Carrer Major** die traditionsreiche Konditorei **Can Delante**, deren einzigartige Torten, Kuchen, Pralinen und Schokoladen weithin bekannt sind.

Echt gut!

Shopping

■ Ein gutes Sortiment an Lederwaren findet man bei **Asinca** und **Munar Linares** an der Umgehungsstraße Avenida Rei Jaume I, sowie bei **Ferrer Palmes, Heitorn** und **Nueva Piel** an der Gran Via Colón.

■ Factory-Outlets betreiben die Schuhproduzenten **Camper** und **Lotusse** nahe der Umgehungsstraße.

6 Urige Kellerlokale

In Inca gibt es eine erstaunliche Anzahl von Cellers, Weinkeller, die in gemütliche Restaurants verwandelt wurden. Die riesigen Gewölbe erinnern an die Zeit, als die Weinwirtschaft der dominierende Wirtschaftszweig der Insel war. In den Kellerlokalen wird einheimische Küche serviert, und dies meist in großzügig bemessenen Portionen!

■ **Celler Can Amer**
C. Pau 39][Tel. 971 501261
Eine Institution in der Altstadt ist dieser 300 Jahre alte Weinkeller. Er ist berühmt für seine deftige einheimische Küche. ●●

■ **Celler Can Ripoll**
C. Jaume Armengol 4
Tel. 971 500024
Fast ebenso alt wie Can Amer ist dieses Kellerlokal mit ähnlichem Angebot (Sommer So geschl.). ●●

■ **Celler Sa Travessa**
C. Pau 16][Tel. 971 500049
Einfacheres Lokal mit über 100 Jahren Geschichte. Schlichte mallorquinische Küche wird hier im großen Speisesaal und im schattigen Vorgarten serviert. ●

Große Buchten des Nordens

Nicht verpassen!

- Am Marktplatz von Pollença bei einem Kaffee das Treiben beobachten, am besten während des Wochenmarktes
- Die Serpentinenfahrt zum Cap de Formentor
- Einen Bummel durch das mittelalterliche Alcúdia
- Entspannen an einem Naturstrand wie der Cala Agulla
- Knuspriges Spanferkel neben der Torre de Canyamel schlemmen

Zur Orientierung

Geografisch bilden die großen Buchten von Pollença und Alcúdia die Entsprechung zur Bucht von Palma. Hier landeten Römer und Araber, um die Insel zu unterwerfen. Auf den Trümmern von Pollentia, der einst bedeutenden Römerstadt auf Mallorca, errichteten die Wüstensöhne Alcúdia, die Stadt auf den Hügeln. Vor ihren mittelalterlichen Toren sind heute die Ruinen eines Amphitheaters und der römischen Siedlung zu besichtigen.

Doch die Spuren menschlicher Zivilisation in der Gegend sind noch in weit ältere Epochen zurückzuverfolgen, etwa in den Talaiot-Siedlungen und einer phönizischen Nekropole. Für geschichtlich Interessierte ist der Norden eine Fundgrube. Dabei ist die aufstrebende Region das zweitgrößte Touristenzentrum der Insel. Während sich Port de Pollença sehr diskret gibt – ganz im Stil des britischen Upper-Class-Tourismus – ist Port d'Alcúdia im Sommer ähnlich laut und quirlig wie S'Arenal.

Hinter der Bucht von Alcúdia erstreckt sich der Naturpark S'Albufera, die größte Feuchtlandschaft Mallorcas. Von nur wenigen Wander- und Radwegen durchzogen ist er ein ideales Rückzugsgebiet für Vögel.

Auffällig ist der starke Kontrast zwischen den neonüberfluteten, touristischen Küstensiedlungen wie Sa Gaviota oder Can Picafort und dem ruhigen, in seiner Ursprünglichkeit beharrenden Hinterland mit bäuerlich geprägten Dörfern wie Sa Pobla und Muro – zwei Welten, nur wenige Kilometer voneinander entfernt.

Eine kleine Welt für sich ist die Halbinsel von Artà, jungfräulich ihre Nordküste bis auf die Enklave Colònia Sant Pere. Die unwegsamen Berge der Serres de Llevant fallen hier schroff ins Meer ab.

Die Hauptorte Artà und Capdepera werden von mächtigen Burgen überragt. Das Touristenzentrum Cala Rajada umgeben schöne Badebuchten, einige davon kaum bebaut. An der östlichen Küste und ihren perfekten Strän-

Cala Pi de la Posada

den hat sich spanische und internationale Prominenz in den Luxussiedlungen Costa dels Pins und Costa de Canyamel niedergelassen – und die Immobilienpreise in die Höhe katapultiert.

Touren in der Region

7 Zum Cap de Formentor

—10— Port de Pollença › Cap Formentor › Port de Pollença

Dauer: ca. 32 km mit vielen Serpentinen, 1/2 Tag (1,5–2 Std. reine Fahrtzeit)
Verkehrsmittel: Mit dem Auto ist man bestens unterwegs, muss aber am Wochenende mit Staus rechnen. Auch gut trainierte Radfahrer können die Herausforderung der Strecke annehmen.

In Port de Pollença ist Cap de Formentor ausgeschildert. Wer von außerhalb kommt, kann die Ortsumgehung fahren, die am östlichen Ende des Hafens mit der Straße aus dem Zentrum zusammentrifft. Anschließend geht es in weiten Serpentinen durch die karstige Gebirgslandschaft bergauf: im Norden steile Felsflanken und schmale, geschützte Sandstrände auf der Südostseite.

Nach 5 km gewährt der *Mirador des Colomer,** 232 m hoch über dem Meer, ein herrliches Panorama der Felseninsel Colomer und der bizarr geformten Küste. Rechts klettert ein Sträßchen 200 m hinauf zum alten Wachtturm *Talaia d'Albercutx.** Dort oben reicht der Blick von Port de Pollença über die weit geschwungene Bucht bis zur Halbinsel La Victoria.

Am Mirador schlängelt sich auch eine schmale Straße hinab in die **Cala Pi de la Posada** mit dem hübsch gelegenen Badestrand **Platja Formentor** (kostenpflichtiger Parkplatz). Etwas weiter nördlich prunkt das legendäre **Luxushotel Formentor.** 1928 erbaut, war es Jahrzehnte lang nur mit dem Schiff zu erreichen.

Vom Mirador aus sind es noch gut 12 km bis zum Cap. Man sollte die langwierige Kurverei bei der Zeitplanung nicht zu knapp kalkulieren.

Etwa auf halber Strecke lockt im Norden die mehr als 100 m tiefer liegende **Cala Figuera** am türkisfarbenen Meer. Wer es nicht eilig hat, sollte sich das Vergnügen eines Bades in dieser außergewöhnlichen Bucht nicht entgehen lassen, die mühselige Kraxelei am Steilhang ist allerdings nicht jedermanns Sache.

Kurz vor Erreichen des **Cap de Formentor** passiert man einen Tunnel durch den 334 m hohen Berg **Fumat.** Bald darauf steht man am Leuchtturm, wo mehr als 100 m tiefer das Meer gewaltig gegen die Steilküste brandet. Am Parkplatz hält eine Cafeteria Erfrischungen bereit – das Richtige, ehe man voller neuer Eindrücke den kurvenreichen Rückweg nach Port de Pollença antritt.

Den Römern auf der Spur

⊸11⊸ Alcúdia › Pollença › Alcúdia

Dauer: ca. 20 km, 1/2 Tag
Verkehrsmittel: Wohnt man in der Region, ist das Fahrrad die Alternative zum Auto. In den z.T. verkehrsfreien Altstädten von Alcúdia und Pollença (So Markt!) ist Parken ein Problem, daher das Auto besser außerhalb der Mauern lassen.

Als die Römer 123 v. Chr. in der Bucht von Pollença landeten, waren sie nicht die ersten. Vor ihnen hatten Griechen und Phönizier Stützpunkte errichtet und Handel mit den Ureinwohnern getrieben. Ziel der Römer war es, die Macht der von Mallorca aus operierenden Piraten zu brechen. Eine erste Invasion war im Geschoßhagel der berühmt-berüchtigten Steinschleuderer › Exkurs S. 59 gescheitert. Feldherr Caecilius Metellus ließ seine Schiffe daraufhin mit Dächern aus Ziegenfellen ausstatten,

⊸10⊸ **Zum Cap de Formentor** Port de Pollença › Cap de Formentor › Port de Pollença

⊸11⊸ **Den Römern auf der Spur** Alcúdia › Pollença › Alcúdia

⊸12⊸ **Streifzug durch das Vogelparadies** S'Albufera

⊸13⊸ **Von Burg zu Burg** Artà › Capdepera

die den gefürchteten Geschossen ihre zerstörerische Kraft nahmen. Nach der erfolgreichen Landung errichteten die Römer auf den Hügeln zwischen den Hauptbuchten erst ihr Feldlager, bald danach eine befestigte Stadt, die sie Pollentia, »die Machtvolle«, nannten.

Außerhalb von **Alcúdia** > S. 104 beginnt man den Römertag in den Ruinen einer Siedlung, die sich – einst 12 ha groß – ein Amphitheater leisten konnte.

Alcúdias von trutzigen Mauern umgebene, schmucke Altstadt maurischen Ursprungs ist einen Spaziergang wert, inklusive eines Besuchs des Museu Monogràfic de Pollentia, um weitere Funde aus der Römerzeit zu sehen. Danach hat man sich eine Pause in einem Straßencafé verdient.

Von der Küstenstraße nach Port de Pollença > S. 103 zweigt eine kleine Teerstraße etwa in der Mitte der Bucht links nach Pollença ab. Auffällig in der blühenden Gartenlandschaft sind rustikale Ferienhäuser, die im Sommer meist britische Gäste mieten.

Pollenças > S. 101 lebendiger Mittelpunkt ist sein Marktplatz, vor allem am Sonntag beim Wochenmarkt. Einen Paradeblick über die Dächer gewährt der **Puig de Calvari,** den man zu Fuß oder mit dem Auto erreicht. Die Auffahrt (ausgeschildert) liegt an der westlichen Stadtausfahrt unweit der **Römerbrücke,** des ältesten Baudenkmals der ebenfalls ursprünglich römischen Stadt. Der Doppelbogen überspannt den Torrent de Sant Jordi. Damit schließt sich der Kreis der römischen Erkundung. Über Port de Pollença kehrt man auf der Küstenstraße nach Alcúdia zurück.

Streifzug durch das Vogelparadies

> **⑫ S'Albufera**
>
> **Dauer:** Spaziergang 2–3 Std., alternativ Radtour
> **Verkehrsmittel:** Einfahrt zum Park an der C-712 zwischen Port d'Alcúdia und Can Picafort an der Brücke Pont dels Anglesos. Ein Infozentrum am Parkplatz erteilt die Besuchserlaubnis. Tgl. 9–17, im Sommer bis 18 Uhr. Empfehlenswert: wasserdichte Schuhe und Insektenschutzmittel!

Für Natur- und speziell Vogelfreunde ist der Besuch des Naturschutzgebietes *****S'Albufera** ein Muss. Im Infozentrum werden die Besucher unter dem Motto »Wasser, Vögel und der Mensch« u. a. mit einem Film, Tafeln und Geräuschen in das sensible Ökosystem eingeführt (Tel. 971 892250).

Albufera Gran (im Gegensatz zur **Albufera Petita** bei Pollença) nennen die Mallorquiner das fast 2000 ha große Sumpfgebiet, das durch einen 250 bis 500 m breiten Sandstreifen vom Meer getrennt wird. 1863 kauften John Frederick Bateman und William Hope, Eigner der New Majorca Land Company, das Gebiet und begannen mit der Trockenlegung, um daraus später landwirtschaftlichen Nutzen zu ziehen. S'Albufera wurde für Reisanbau, Salzgewinnung und Papierherstellung genutzt.

Die Sumpflandschaft wird von wenigen Wander- und Fahrradwegen durchzogen. Hier sind mehr als 200 heimische Vogelarten zu beobachten. Sie finden zwischen den Schilfhalmen ideale Futter- und Niststätten. Auch Zugvögel rasten hier. Daher finden sich Vogelfreunde v. a. im Herbst ein, wenn sich z. B. Große Kormorane und Fischreiher auf ihrem Zug nach Süden in der Feuchtzone sammeln – bevorzugt am frühen Morgen oder in den Stunden vor Sonnenuntergang.

Von Burg zu Burg

⑬ Artà › Capdepera

Dauer: Fahrtstrecke ca. 8 km, mit Besichtigungen 1 Tag
Verkehrsmittel: Am flexibelsten ist das Auto. In Artà gibt es nur wenige Parkplätze an der Burgmauer (am Wochenende immer belegt). Alternativ das Auto am Anfang der Straße zur Ermita de Betlem abstellen. Auch in Capdepera Auffahrt zur Burg mit Pkw möglich, doch beschränkter Parkraum.

Begünstigt durch die Entfernung zur Hauptstadt gewann die Halbinsel von Artà einen eigenen Charakter. Palma war vor der Neuzeit mehr als eine Tagesreise entfernt und die Einwohner waren in Krisensituationen auf sich gestellt. Sichtbarster Ausdruck dessen sind die gewaltigen mittelalterlichen Burgen von Artà und Capdepera. Bei Piratenüberfällen und Invasionen dienten sie der Bevölkerung als Zuflucht.

Starten Sie in **Artà** › S. 109, wo Sie den Burgberg zu Fuß erklimmen oder bis kurz unterhalb der Burgmauer (beschildert) fahren können. Von den zinnenbewehrten Mauern der weitläufigen Anlage schweift der Blick über die Dächer des Städtchens hinweg weit ins Land. Im Innenhof der Burg, dessen Bild die Kirche dominiert, bietet eine Cafeteria Snacks und Erfrischungen an.

Etwa 8 km östlich von Artà liegt das Dorf **Capdepera** › S. 112. Schon von Weitem fasziniert die imposante Kulisse des **Castells** über dem Ort (Fußweg oder Anfahrt mit dem Auto). **Die größte Wehranlage Mallorcas** diente schon den Römern als befestigtes Lager, wurde von den arabischen Herren erweitert und schließlich unter König Jaume II. zur jetzigen Größe ausgebaut. Von ihren mächtigen Zinnen konnten die Wächter die 3 km entfernte Küste überwachen. Die Torre de Sa Boira erinnert mit ihrem Namen an eine Legende: Bei einem Angriff arabischer Piraten stellten die in arge Bedrängnis geratenen Verteidiger eine Marienstatue auf diesen Teil der Burgmauer. Daraufhin soll Nebel aufgekommen und sollen die Piraten in Panik davon gestürmt sein. Die weitläufige Anlage mit dem Gouverneurshaus und der von König Sanxo Anfang des 14. Jhs. gestifteten Capella da Esperança ist täglich zugänglich: 10–19 Uhr, im Winter bis 17 Uhr.

Unterwegs im Norden

8 *Pollença

Die nördlichste Stadt Mallorcas vereint mehrere Vorzüge auf sich. Fruchtbare Felder umgeben den Ort, das Meer ist nahe und auch die Berge, die Schutz vor dem rauen Nordwind gewähren, liegen vor der Haustür. Schon zur Römerzeit existierte hier eine Siedlung; Zeugnis gibt die **Steinbrücke** am westlichen Ortsausgang.

Heute schätzen die 12 000 Einwohner, darunter viele Briten und Deutsche, und die Besucher gleichermaßen Pollença wegen seiner Ursprünglichkeit. Sie wird auch beim sonntäglichen Markt spürbar. Während in der Pfarrkirche **Nostra Senyora dels Àngels** die Messe gelesen wird, preisen an der **Plaça Major** Händler frisches Obst und Gemüse an. Im behaglichen **Café Espanyol,** Plaça Major 2, genehmigen sich die Einheimischen nach dem Einkauf ein Glas Rotwein *(tinto).*

Unterhalb der Plaça liegt das **Dominikanerkloster,** das als Kulturzentrum und für die sommerliche Konzertreihe (www.festival pollenca.org) genutzt wird. Auch das **Museu de Pollença** ist dort untergebracht. In der archäologischen Abteilung faszinieren Relikte der Urbevölkerung, so ein 3500 Jahre alter, mit einem Stierkopf dekorierter Holzsarkophag. Daneben sind Fundstücke aus der Römerzeit, Kunsthandwerk des Mittelalters und Gemälde zu sehen (Di–So 10.30–13 Uhr, www.aj pollenca.net, Links »El Municipi« und »Museu de Pollença«).

Historische Römerbrücke am Ortsrand von Pollença

In allen größeren Dörfern ist einmal in der Woche Markttag

Für einen Spaziergang durch die verwinkelten Gassen sollte man sich Zeit lassen. An der kleinen **Plazuela de la Almuina** reckt sich ein schmiedeeiserner Hahn, das Wahrzeichen der Stadt, auf einem Brunnen.

Shopping

■ Im Verkaufsraum des Museu Martí Vicenç, des Textilmuseums der Familie Vicenç, hat man eine große Auswahl an Webstoffen mit dem berühmten Zungenmuster, u.a. Tischdecken und Servietten (Calvari 10, Tel. 971 532867, www.martivicens.org).

> **Aufstieg mit Ausblick**
>
> Zypressen flankieren die 365 Stufen, die von Pollenças Rathaus auf den 170 m hohen **Kalvarienberg** (El Calvari) hinauf führen. Wer die Mühe des Aufstiegs auf sich nimmt, wird mit einem grandiosen Rundblick belohnt (Zufahrt mit dem Auto nahe der Römerbrücke).

■ Internationales Flair hat die Galeria Maior, Plaça Major 4, Tel. 971 530095. Sie zeigt Werke international bekannter Künstler wie Antoni Tàpies und Susana Solano.

Info

Touristinfo
C. Sant Domingo 17
Tel. 971 535077

Hotels

■ **Juma**
Plaça Major 9][Tel. 971 535002
www.hoteljuma.com
Das traditionsreiche Haus wurde von Grund auf renoviert. Kein Luxus, aber sauber und freundliches Personal. ●●

■ **Son Sant Jordi**
C. Sant Jordi 29][Tel. 971 530389
www.hotelsonsantjordi.com
Romantisches Stadthotel an historischem Platz. Garten mit Pool und Sauna, Restaurant. Winterspecials. ●●

Restaurants

■ **La Font del Gall**
C. Montesió 4][Tel. 971 530396
http://lafontdelgall.com
Klein, aber fein; frische Saisonküche und vegetarische Gerichte. Nur abends außer Sa. ●●

■ **Trencadora**
C. Ramon Llull 7][Tel. 971 531859
Leichte Mittelmeerkost und vegetarische Gerichte mit Gemüse von der Bio-Finca Peter Maffays. ●●

Puig de Maria ❷

Eine gute Stunde dauert die Besteigung des 333 m hohen Klosterbergs südlich von Pollença. Für den etwas steilen Weg wird man durch einen fantastischen Ausblick entschädigt. 1348 ließen sich die ersten Einsiedlerinnen (!) auf der Spitze des Berges nieder. 1371 wurde die **Ermita de Nostra Senyora del Puig** gebaut, 20 Jahre später der erste Weg. Das Kloster entwickelte sich zu einem der bedeutendsten Heiligtümer der Insel, und die Klosterschule gewann hohes Ansehen. Weder die Bedrohung durch die im 16. Jh. in Pollença wütenden Piraten noch eine bischöfliche Anordnung konnte die Einsiedlerinnen dazu bewegen, ihren Berg zu verlassen. Erst 1564 wurde das Kloster kurzzeitig aufgegeben. Später ließen sich Nonnen vom Ordens der Heiligen Herzen auf dem Berg nieder.

Unterkunft

Die **Klosterherberge** steht Pilgern und Wanderern offen; einfache Zimmer, Kochgelegenheit, Bar, Restaurant. Anmeldung erforderlich **(Tel. 971 184132)**.

Cala Sant Vicenç ❸

Die Bucht von Sant Vicenç ist die einzige, die sich nach Norden öffnet, bequemes Baden ermöglicht und daher auch eine touristische Infrastruktur besitzt. Hier kann man gut schnorcheln und tauchen. Ein Dutzend Hotels und Pensionen liegen im gelichteten Pinienwald, oberhalb dehnt sich eine Siedlung aus. Dort sind Höhlen zu besichtigen, die vor mehr als 3000 Jahren den Ureinwohnern als Unterschlupf dienten.

Hotel

Cala Sant Vicenç
C. Maressers 2][Tel. 971 530250
www.hotelcala.com
38 komfortabel eingerichtete Zimmer und Suiten, zwei Restaurants. ●●●

Restaurant

Ca'l Patrò
Cala Barques][Tel. 971 533899
Gute Adresse für frischen Fisch und Meeresfrüchte; schöne Aussicht. ●●

Port de Pollença ❹

Port de Pollença ist ein aufstrebender, aber nach wie vor beschaulicher Badeort. Hunderte von Booten aller Klassen dümpeln im Jachthafen, der ebenso wie der langgezogene Sandstrand von Hotels, Restaurants und Cafés gesäumt wird. Auffällig sind

Übernachten im Kloster

- **Santuari de Lluc**
Serra de Tramuntana
Tel. 971 871525][www.lluc.net ❯ S. 92
- **Ermita de N. S. del Puig**
bei Pollença][Tel. 971 184132 ❯ S.103
- **Petit Hotel La Victòria**
Cabo des Pinar s/n][Alcúdia
Tel. 971 549912
www.lavictoriahotel.com ❯ S. 105
- **Petit Hotel Sant Salvador**
Felanitx][Tel. 971 515260
www.santsalvadorhotel.com ❯ S. 125
- **Santuari de N. S. de la Cura**
bei Randa][Tel. 971 120260
www.santuarideсura.com ❯ S. 134

die großen Pinien, die am Ufer wachsen. Leider fielen viele der 100-jährigen Bäume 2003 einem Sturm zum Opfer. Traditionell gibt ein gehobenes britisches Publikum den Ton an. Der Hafen ist aber auch ein Treff der spanischen Prominenz.

Am **Passeig Voramar** mit den alten Sommerhäuschen und Bootsstegen erinnert eine Büste an **Hermen Anglada-Camarasa**, einen katalanischen Maler, der lange in Pollença lebte und die »Schule von Pollença« gründete. Werke von ihm hängen im Gran Hotel in Palma › S. 56.

Info

Touristinfo
Passeig Saralegui s/n
Tel. 971 865467

Hotels

■ **Hotel Barceló Formentor**
Playa de Formentor][Tel. 971 899100
www.barceloformentor.com
Bauherr der Nobelherberge von 1928 war ein Argentinier. Zu den erlauchten Gästen zählte auch Sir Winston Churchill. ●●●

■ **Miramar**
Avda. Anglada Camarasa 39
Tel. 971 86 64 00
www.hotel-miramar.net
Mittelklassehotel im alten Stil an der Strandpromenade. ●●

Restaurants

■ **Corb Marí**
Avda. Anglada Camarasa 91
Tel. 971 867040
Hübsches Speiselokal mit Terrasse und Meerblick, internationale Küche. ●●

■ **Naciente**
C. Llevant 34][Tel. 971 866848
Hier wird aufgetischt, was die regionale Küche kennt, auch Tapas. Mi mittags geschl. ●

Shopping

Casa María
Passeig Saralegui 86
Handgestickte Kunstwerke, von der Tischdecke bis zum Lampenschirm in bester Qualität.

Alcúdia ▣

Das alte Pollentia, die »machtvollen« römische Stadt, ging auf ein Feldlager zurück, das die Römer kurz nach ihrer Landung 123 v. Chr. zwischen den zwei großen Buchten im Norden errichtet hatten (Geschichte › S. 98). Die Araber drangen gleichfalls von Norden her auf der Insel vor und bauten auf den Resten Pollentias ihre »Stadt auf dem Hügel«.

Prunkstück Alcúdias sind heute die **mittelalterlichen Stadtmauern, die auf dem Wehrgang rund 500 m begehbar sind.** Den Ortskern betritt man durch die Stadttore **Porta de Sant Sebastià**, **Porta Roja** oder **Porta del Moll**.

Innerhalb des Mauerrings gruppieren sich rund um die **Casa Consistorial** (Rathaus) viele Patrizierhäuser aus dem 16./17. Jh. Im Palast **Can Torró** (Carrer d'en Serra 15) entstand eine moderne Bibliothek mit Unterstützung der Bertelsmann-Stiftung. Reinhard Mohn ist nicht nur langjähriger Resident in Alcúdia, sondern auch Ehrenbürger. Direkt an der Stadtmauer liegt die Pfarrkirche **Sant Jaume** (nur im Sommer Di–Fr 10.30–13 Uhr).

In den schmalen Gassen – die meisten sind autofrei – haben sich Galerien, Werkstätten und Kunsthandwerkläden angesiedelt. Viel Betrieb herrscht am Sonntag, wenn ein bunter Markt abgehalten wird.

Das **Museu Monogràfic de Pollentia** hinter der Kirche zeigt Funde aus der Römerzeit, die unter anderem am Kirchplatz gemacht wurden (C. Sant Jaume 30, Mai–Sept. Di–So 9.30–20, Okt. bis April Di–Fr 10–16, Sa 10–14 Uhr, www.pollentia.net).

Umfangreichere **römische Ausgrabungen** erstrecken sich an der Straße von Alcúdia nach Port d'Alcúdia (Hinweisschild, Fußweg 200 m). Schönstes Baudenkmal ist dort das **Amphitheater** (immer zugänglich).

Römisches Ausgrabungsfeld bei Alcúdia

Port d'Alcúdia ❼

Der alte Fischerort im Norden der weiten Badia d'Alcúdia ist kaum mehr wiederzuerkennen. Große Teile der landschaftlich wunderschönen Bucht haben sich schon seit vielen Jahren dem totalen Ferienvergnügen verschrieben. Im Schutz der weit ins Meer ragen-

Info

Touristinfo
- Carrer Major 17
Tel. 971 897113
- Ctra. Artà 68][Tel. 971 892615

Hotel

Hotel Can Tem
Carrer de l'Església 14
Tel. 971 547071
www.hotelcantem.com
Gemütliches kleines Stadthotel im Zentrum, Komfort in altem Gemäuer. ●●

Restaurant

Cas Capella
Carrer d'en Serra 26
Geschmackvolle Altstadtkneipe mit leckeren Kleinigkeiten wie *pa amb oli*. ●

Cap des Pinar ❻

Eine idyllische Nebenstraße mit schönen Ausblicken auf die Bucht von Pollença und Cap de Formentor führt zur Kirche Nostra Senyora de la Victòria (heute Hotel, S. 103). Am Parkplatz der Einsiedelei beginnt ein Wanderweg zum alten **Atalaia d'Alcúdia** (Wachturm) in der Mitte der Halbinsel sowie zum Fels **Penya Rotja** an der Spitze des Kaps. Auf der Panoramaterrasse des Restaurants **Mirador de la Victòria** gewinnen Mallorcas Spezialitäten ein besonderes Aroma (Tel. 971 547173, Mo geschl., ●).

den Halbinsel **La Victòria** liegt der Frachthafen, in dem Kohle und Steinmaterial für den Straßenbau gelöscht werden.

Dem alten Ortskern vorgelagert ist der jüngst stark erweiterte **Jachthafen. Die Uferpromenade** wirkt in ihrem modernen Styling noch gewöhnungsbedürftig. In zweiter Reihe ziehen sich die Hotels und Kneipen zu beiden Seiten der viel befahrenen Hauptstraße mehrere Kilometer südwärts. Die mächtigen Dünen und der dichte Pinienwald mussten dafür weichen. Nur auf einem kurzen Stück, etwa auf der Höhe der Einfahrt in den **Naturschutzpark S'Albufera** ❯ S. 99, blieb der Strand in seinem Naturzustand erhalten.

Info

Touristinfo
Passeig Marítim s/n
Tel. 971 547257

Nightlife

Menta
Avinguda Tucán
Populäre Diskothek mit Pool für heiße Sommernächte.

Can Picafort ❽

Die großen Hotels der **Platja de Muro** sind fast alle neueren Datums und haben sich rigoros in den Pinienwäldchen breit gemacht. Mehr und mehr rücken sie an das letzte freie Strandstück vor dem Naturpark S'Albufera heran.

Fast fließend scheint der Übergang in südlicher Richtung zu den Apartmentanlagen und Hotels von Can Picafort, eines fest in deutscher Hand befindlichen Ferienorts. Er bietet außer dem üblichen Sommerbetrieb kaum Interessantes, im Winter werden wie in vielen Küstenorten die Gehsteige hochgeklappt. Die Neugestaltung der Strandpromenade, bei der ansprechendes Grün vergessen wurde, hat nur wenig am unpersönlichen Charakter des Ortes geändert.

Auf einer kleinen Küstenwanderung ostwärts erreicht man hinter den Ferienanlagen von **Son Bauló** die Überreste der phönizischen Nekropolis von **Son Real,** die mehr als 2000 Jahre alt und relativ gut erhalten sind.

Info

Touristinfo
Pl. Gabriel Roca 6][Tel. 971 850310

Hotel

Petit Santa Eulàlia
Ctra. Santa Margalida–Alcúdia, km 6
Tel. 971 852732
www.casal-santaeulalia.com
Agroturismo-Finca in ruhiger Lage, 2 km vom Meer entfernt. Komfortable Studios. Restaurant und Fitnesseinrichtungen (Tennis, Pool, Sauna, Massage) im benachbarten Landhotel. ●●

Coves de Campanet ❾

Zwischen die Ausläufer des Tramuntanagebirges gebettet liegt das recht ursprünglich gebliebene Dorf **Campanet,** das vor allem wegen seiner Tropfsteinhöhlen bekannt ist. Die Coves de Campa-

Ein filigranes Naturschauspiel offenbaren die Coves de Campanet

net wirken weit natürlicher als jene von Portocristo. Dennoch lässt in der auch als Zuckerbäckerhöhle bezeichneten Grotte eine große Formen- und Farbenvielfalt staunen – und ==der mit 3 m angeblich längste Stalaktit der Welt.== Mehrsprachige Höhlenführer begleiten Gruppen durch die unterirdische Wunderwelt (tgl. 10–19, im Winter bis 18 Uhr, Eintritt Erw. 11,50 €, Kinder 6 €, www.covesdecampanet.com).

Sa Pobla 10

Der Ort ging aus der maurischen Siedlung Huayar Alfahs hervor, die nach der christlichen Rückeroberung den Königstreuen aus Barcelona zufiel. Im Jahr 1300 wurde sie von Jaume II. zur königlichen Stadt (Villa Real) erhoben. Am Rand der geschützten Sumpflandschaft der S'Albufera zieht sich eine Straße von Sa Pobla, wörtlich »das Dorf«, meerwärts. Dies ist das Land der 1000 Mühlen, die zwar nicht mahlen, aber Wasser schöpfen, d. h. das Land entwässern. Die fruchtbaren Böden werden intensiv für Obst- und Gemüseanbau genutzt. Kartoffeln sind Exportartikel Nummer eins. Die Einheimischen nennen die Gegend auch »Mallorcas Garten«. Auf den feuchteren Feldern wird Reis angebaut. Mallorquiner schwören darauf, dass die rundkörnige Sorte Bombeta die einzig wahre für eine Paella ist.

Als ansprechendes Ensemble gruppieren sich im Dorfkern **Rathaus** und Pfarrkirche **Sant Antoni Abat** um den Hauptplatz. Einen Besuch wert ist das neu gestaltete **Museum** im Stadtpalast **Can Planes**. Eine Ausstellung zeitgenössischer Kunst umfasst mehr als 100 Werke von Einheimischen, aber auch Künstlern aus aller Welt. Die obere Etage füllt eine liebenswerte Spielzeugsammlung, darunter so manches gute Stück aus Nürnberg und Thüringen (C. A. Maura 6, Di–Sa 10–14, 16–20, So 10–14 Uhr).

Berühmt sind die Feiern zu Ehren des Dorfheiligen Sant Antoni Mitte Januar, wenn die roten Teufel Jagd auf unschuldige Jungfrauen machen. Am 16. Januar, dem Vorabend des Gedenktags, zünden die Einheimischen große Feuer an, man tanzt, musiziert und isst die typischen *espinagades*: Teigtaschen mit scharf gewürztem Gemüse und Aal aus S'Albufera. Am Tag darauf werden die Haustiere nach einer Prozession durch den Ort vor der Kirche gesegnet, um sie gegen Krankheiten zu schützen. Teufelsmasken und Kostüme sind in einem kleinen **Museum** im ehemaligen Bahnhofsgebäude ausgestellt.

Muro ⑪

Das erste in den Archiven der Stadt festgehaltene Datum ist das Jahr 840, als die Araber die Siedlung Algebelí zu einem wohlhabenden, von lieblichen Gärten und fruchtbaren Feldern umgebenen Städtchen machten. Nach der Eroberung durch die Spanier änderte sich der Name in Muro.

Ein frei stehender quadratischer Glockenturm flankiert die große Pfarrkirche **Sant Joan Baptista** aus dem 16. Jh., die aus einer älteren Kapelle hervorging. Blickfang im Innern ist ein von Joan Daurer geschaffenes Altarbild des hl. Michael. Die Fassade des **Rathauses** gliedern ein ausladender Steinbalkon und ein schattiger Arkadengang.

Hauptattraktion ist das **Museu Etnològic** im C. Major 15. Es vermittelt ein ==lebendiges Bild alter mallorquinischer Wohnkultur und Handwerkstradition.== `Echt gut` Für den Besuch des Herrenhauses sollte man sich genügend Zeit nehmen. Die Räume sind Themenkreisen oder Berufssparten zugeordnet. So sieht man eine typische Küche mit Keramikgeschirr und Töpfen, einen Backofen und den Essplatz. Webstühle sind mit mallorquinischen Stoffen und alten Trachten dekoriert. Im ersten Stock ist eine aus der Ortschaft Sa Cabaneta stammende Siurell-Sammlung (1950–1965) zu finden. Eine Abteilung erinnert an die einst florierende Löffelindustrie der nahen Ortschaft Búger. Dort wurden bis zum Tod des letzten Löffelmeisters Bestecke aus Pinien-, Orangen- oder Mispelholz gefertigt. Zu sehen sind zudem eine Schusterwerkstatt, Schmiedewerkzeuge, Feldgeräte und Flechtwaren. Im Innenhof stehen alte Kutschen, ein Schöpfrad und eine Weinpresse (Di–Sa 10–15, Do zusätzlich 17–20, So 10–14 Uhr, Aug. geschl.).

Hotel

Predio Son Serra
Ctra. MA 3431 Muro–Can Picafort
Tel. 971 537980
www.finca-son-serra.com
Alte Finca, moderne Bungalows, Liegewiese mit Palmen und Pool, Ausflüge zu Pferd oder zu Fuß. ●●

Sta. Margalida

Ausgedehnte Mandelbaumplantagen umgeben das Städtchen, das in römischer Zeit Hero hieß. Eine Legende berichtet von der Auffindung einer Heiligenstatue in einer nahen Höhle. Nachdem man die Jungfrau nach Hero gebracht hatte, war die Statue tags darauf verschwunden. Nach langem Suchen fand man sie erneut in der Höhle. Dies geschah dreimal, bis man den Wink des Himmels verstand und am Fundort eine Kirche errichtete, um die sich der Ort entwickelte. Die unter den Mauren als Abenmaaxbar bekannte Siedlung wurde 1232 zur Stadt erhoben. In der reich ausgestatteten Kirche **Santa Margalida** befindet sich ein prachtvoller Hochaltar mit einer Marienstatue (13. Jh.); sehenswert auch die **Capilla Santo Cristo de las Animas.**

Seit mehr als 100 Jahren findet am ersten Sonntag im September ein besonders farbenfroher Umzug zu Ehren der Inselheiligen Catalina Tomàs › S. 83 statt. Die Festgesellschaft besteht aus geschmückten Kutschen, Trachtengruppen und als *dimonis* (Teufel) verkleideten jungen Männern, die hübschen Mädchen ihre *gerres* (Wasserkrüge) entreißen.

Auf diesen Brauch spielt die im Zentrum stehende **Skulpturengruppe »Versuchung der Catalina Tomàs«** an. Dargestellt ist die fromme Bauerntochter, zu deren Füßen sich der Teufel duckt. Ein junger Mann versucht, ihr den Wasserkrug zu entreißen.

Fest zu Sant Antoni, Sa Pobla

Artà

Die Gegend von Artà war bereits in der Bronzezeit besiedelt. Heute führt das historische Städtchen eine Burg im Wappen. Die **Wehranlage** erhebt sich auf dem Kalvarienberg und wacht mit spitzen Zinnen über die Stadt.

An der parkähnlichen Plaça Espanya liegt neben dem Rathaus das **Museu Regional d'Artà.** Es zeigt Funde aus phönizischer, griechischer und römischer Zeit und umfasst eine naturkundliche und ethnologische Abteilung (Di–Fr 10–13.30, Sa 11–13 Uhr).

Die Pfarrkirche **Transfiguració del Senyor** (Verklärung Christi) wird erstmalig Mitte des 13. Jhs. erwähnt, im 16. Jh. gotisch verändert. Auffallend sind die große Fensterrose über dem Hauptportal und die dunkle, im mallorqui-

Zisterne in der Burg von Artà

nischen Stil gearbeitete Holzkanzel. Den Hochaltar schmückt ein Bild der »Verklärung Christi«.

Hinter der Pfarrkirche beginnt die von Zypressen und Steinkreuzen flankierte Treppe, die mit 180 Stufen auf den Kalvarienberg, zur Burg und zum *Santuari de Sant Salvador d'Artà hinaufführt. Von der Spitze des Berges bietet sich ein fantastischer Blick über den Wirrwar der ziegelgedeckten Häuser und die fruchtbare Ebene bis zur Ostküste bei Canyamel.

Die **Burg** entstand im 13. Jh. auf den Resten einer maurischen Festung. Der Innenhof mit Bänken, Palmen und Brunnen ist ein idyllischer Rastplatz. Die barocke **Wallfahrtskirche** schmücken Gemälde, die den hl. Antonius, das Martyrium des Ramon Llull und die Übergabe der Insel durch den Wesir von Mallorca an König Jaume I. darstellen.

Im Juli und August findet alljährlich ein Festival klassischer Musik in den Kirchen Artàs statt.

Hotel

Na Set Centes
Ctra. Artà–Canyamel, km 2,7
Tel. 971 835429
www.nasetcentes.com
Agroturismo-Unterkunft in einem 200 Jahre alten Bauernhof. ●●

Restaurants

■ **Café Parisien**
C. Ciutat 18][Tel. 971 835440
Aus marktfrischen Zutaten werden Salatteller, Tapas und ein Mittagsmenü zubereitet. Durch den Innenhof zieht der Duft von Zitronen- und Orangenbäumen, während man um einen alten Ziehbrunnen sitzt. ●●

■ **Es Serral**
An der Tankstelle Richtung Capdepera nach links Richtung Cala Torta, dann ausgeschildert
Tel. 971 835336
Uriger Landgasthof mit ehrlicher Hausmannskost; einen Sprachkurs in Mallorquí bekommt man obendrein dazu. Mo mittags geschl. ●●

Talaiot-Siedlung Ses Païsses 🗹

Von Artà aus gelangt man über die Gleise der früheren Bahnlinie (Hinweisschild) zu der prähistorischen Siedlung. Vom Parkplatz führt ein Fußweg zur Zyklopenmauer, die das Dorf umschließt und ein imposantes Eingangstor besitzt. Die Siedlungsreste bestehen aus rechteckigen Steinfundamenten der Wohnstätten und einem Talaiot, der im unteren Teil eine Kammer aufweist. In einem ovalen Raum stehen Reste von Säulen und seitlichen Stützpfeilern (im Sommer Mo–Sa 9.30–13, 16–19.30 Uhr, im Winter 10–13, 14–17 Uhr, www.sespaisses.es).

Ermita de Betlem 15

Auch wenn das Wallfahrtskirchlein geschlossen sein sollte, die Fahrt von Artà aus lohnt sich allein aufgrund der reizvollen Strecke. Man passiert Feigen- und Olivenbaumkulturen, Schafweiden, Kiefernwälder und fährt an einem Wildbach entlang. Es bieten sich prächtige Ausblicke auf die Nordküste bis zum Cap de Formentor und zur Insel Menorca. Das letzte Teilstück der Straße ist sehr kurvenreich und erinnert an die Sa-Calobra-Strecke › S. 90.

Die Einsiedelei wurde 1805 gegründet, im Jahr darauf von Kardinal Despuig geweiht. Ein Gedenkstein erinnert an die vier Einsiedler, die »die ersten drei Nächte hier unter einem Ölbaum schliefen« und auf den Ruinen des Guts Benialgorfa eine Kapelle bauten. Die Kirchenkuppel weist schöne Fresken auf.

Von der Wallfahrtskapelle führt ein Wanderweg hinunter zur Küste bei Colònia Sant Pere.

Colònia Sant Pere 16

Etwas abseits der Hauptstraße Alcúdia–Artà liegen die ruhigen Küstenorte **Son Serra de la Marina** und Colònia Sant Pere im östlichsten Teil der weiten Bucht von Alcúdia. Dieser Küstenstreifen ist eine der wenigen noch nicht vom Massentourismus überrollten Enklaven Mallorcas, mit netten Restaurants, Bars und wenigen Hotels. Viele Mallorquiner genießen hier ihre Sommerfrische. Doch mit dem Ausbau des früher winzigen **Jachthafens** ändert sich die Atmosphäre und neue Siedlungen entstehen rund um die Orte.

Hotel
Hotel Solimar
Colònia Sant Pere
C. les Margalides 14][Tel. 971 589347
www.hotelsolimar.net
Kleines, familiäres Haus in ruhiger Lage. Großer Felswasserpool. ●

Coves d'Artà 17

An der Ostküste, etwa 12 km von Artà entfernt, liegt oberhalb des Meeres (auf 46 m Höhe) der Einstieg in die Unterwelt: zu den Tropfsteinhöhlen von Artà. Dort erwartet die Besucher ein mit Ton- und Lichteffekten untermaltes Naturschauspiel.

Bizarre Tropfsteinformationen, das Prunkstück ein 20 m hoher Stalagmit, genannt die Königin der Säulen, faszinieren tief unten in der Erde. Die Besichtigungstour, die je nach Teilnehmerzahl 30–60 Min. dauert, findet regelmäßig in mehreren Sprachen statt (tgl. 10–18, im Winter 10–17 Uhr, Erw. 11 €, Kinder ab 6 Jahre 6 €, www.cuevasdearta.com).

Restaurant

Sa Porxada
Torre de Canyamel][**Tel. 971 841310**
www.porxadadesatorre.es
Bekannt ist das Lokal am Fuß des mittelalterlichen Wachturms direkt an der Landstraße Artá–Canyamel für seine Spanferkel, die besten der Insel. Tgl. außer Mo, So abends geschl. ●●

Capdepera 18

Die ockerfarbenen Häuser des Städtchens drängen sich am Fuß der größten mittelalterlichen Burg Mallorcas, des **Castell de Capdepera** › S. 100. Ein Fußweg führt im Ort zu der imposanten Anlage. Am dritten Maiwochenende herrscht beim **Mercat Medieval** mittelalterliches Treiben in Capdepera und auf der Burg mit Handwerkermarkt, Imbissständen, Theater und Musik.

Capdepera selbst ist ein Zentrum der Korbflechter. In den engen Gassen der Altstadt gibt es viele Geschäfte und Werkstätten, die Matten, Taschen und Körbe anbieten. Sie sind aus den getrockneten und gebleichten Blättern der heimischen Zwergpalme Garballó geflochten. An der kleinen Plaça d'Orient lädt das **Café Orient,** eines der schönsten Kaffeehäuser der Gegend, zum Verweilen ein, z.B. bei Tapas.

Restaurant

Cassandra
C. Ciutat 14][**Tel. 971 565434**
Nouvelle Cuisine für gehobene Ansprüche. Tgl. ab 19 Uhr, Do geschl. ●●●

Cala Rajada 19

Die »Rochenbucht« im äußersten Nordostzipfel Mallorcas ist nach Palma der zweitwichtigste Fischereihafen der Insel. Das ehemalige Fischerdorf, dessen Hafen noch heute viel Charme besitzt, hat sich seit Ende der 1950er-Jahre zu einem bedeutenden Zentrum des Fremdenverkehrs entwickelt.

Wer an den Kaianlagen entlang um den **Hafen** spaziert, dem steigt der Geruch von Fisch, Meer und Salz in die Nase. Rot und blauweiß sind die großen Kutter gestrichen, ganz weiß die kleinen Barken, auf denen die Fischer in den Abendstunden ihr Schwätz-

Korbwarenverkauf in Capdepera

Buchten des Nordens][Cala Rajada

chen halten. Die Netze lagern sorgsam zusammengelegt auf großen Schubkarren unter den Arkaden der Confraria de Pescadors. Die winzige Werft bringt alte Fischkutter auf Vordermann.

Oberhalb des Hafens liegt die 1911 erbaute **Villa Sa Torre Cega** der Bankiersfamilie March. Der britische Gartenarchitekt Russell Page gestaltete die **Jardines March,** einen weitläufigen Park mit vielen mediterranen Gewächsen. Als im Jahr 2002 ein Unwetter in der Gartenanlage mit der bedeutenden Skulpturensammlung schlimme Verwüstungen anrichtete, wurden die Kunstwerke in das Museum Palau March in Palma 〉 S. 49 überführt. Im Garten der Villa findet jedes Jahr im Juli das klassische Musik- und Liederfestival **Serenates d'Estiu** statt.

Wanderwege führen durch Kiefernwälder über die kleine **Cala Gat** (Anker-Skulptur aus der Sammlung March) zum Leuchtturm auf der **Punta des Faralló** oder zu den benachbarten Naturstränden **Cala Agulla, Cala Moltó** (FKK möglich) und ==Cala Mesquida mit ihrem schönen Dünengebiet.==

Die im Süden gelegene **Platja de Son Moll** erreicht man über die Strandpromenade mit Cafés, Bars und Restaurants. Noch etwas weiter südlich stößt man auf die Bucht **Sa Font de Sa Cala,** wo eine Süßwasserquelle entspringt.

Info

Touristinfo
Via Mallorca 36
Tel. 971 819467

Hotels

■ **Cases de Son Barbassa**
Straße zur Cala Mesquida
Tel. 971 565776
www.sonbarbassa.com
Schickes Landhotel etwas außerhalb des Orts; Gourmetrestaurant. ●●●

■ **Casa Bauza**
C. Méndez Núñez 61][Tel. 971 563844
www.casabauza.com
Gepflegtes Mittelklassehotel an einer ruhigen Nebenstraße, mit Pool im Innenhof. ●●

Restaurant

Ses Rotges
C. Rafael Blanes 21
Tel. 971 563108][www.sesrotges.com
Historisches Gemäuer mit schönem Patio. Angenehme Atmosphäre und hervorragende, französisch inspirierte Küche mit mallorquinischen Akzenten. Auch die Weinkarte lässt keinen Wunsch offen (tgl.). ●●●

Nightlife

■ **Noah's**
An der Hafenpromenade,
Ecke Carrer des Faralló
Lauschige Terrassenbar mit sanfter Musik und spritzigen Cocktails.

■ **Physical**
Carrer d'Es Cocona
Diskothek mit den neuesten Sommerhits; vorwiegend junges Publikum.

Buch-Tipp Von Schmugglern, Fischern und der Zeit, als der Tourismus in Cala Rajada noch in den Kinderschuhen steckte, erzählt der Kärntner Ernst Alexander Rauter (1929–2006) in **Das Land hinter der Bühne** (Rasch und Röhring 1988; z. Zt. nur antiquarisch).

Südostküste und Hinterland

Nicht verpassen!

- Ein Konzert am unterirdischen See der Drachenhöhle
- Den Blick von der Anhöhe des Santuari de Sant Salvador über die Küste und ihr Hinterland
- Geruhsame Stunden an einer noch ursprünglichen Bucht wie S'Amarador verbringen
- Die Weite der Strände des Südens genießen – mit Pudersand und Farben wie in der Karibik!
- Die authentische Atmosphäre eines Wochenmarktes im Inselinnern erleben

Zur Orientierung

Mallorcas Ostküste ähnelt in ihrem zentralen Teil einem fein gezahnten Kamm. Nicht sehr hohe Felsnasen und schroffe Klippen folgen im steten Wechsel auf teilweise tief eingeschnittene Buchten. Diese fjordartigen Cales, die fast immer in kleinen Sandstränden auslaufen, sind inzwischen größtenteils mit Urlaubersiedlungen bebaut – bis auf einige Ausnahmen wie die Buchten des Naturparks Mondragó.

Parallel zur Küste erheben sich die Serres de Llevant mit Gipfeln bis zu 500 m und halten die kalten Nordwinde ab. Die Gegend um Cala Millor ist aufgrund ihrer feinsandigen, breiten Strände zu einem Zentrum des Badetourismus geworden, unübersehbar umrahmen große Hotels die Küste. Ihren Charme konnten sich die malerischen Häfen Portocristo und Portocolom bewahren.

Das Hinterland beherrschen wirtschaftlich die Handwerkszentren Manacor und Felanitx. Und dennoch findet man im ländlichen Herz der Insel auch noch das ursprüngliche Mallorca. Klosterberge und Burgruinen mit schöner Aussicht, bunte Märkte und eine reizvolle Kulturlandschaft sind seine Attraktionen, nicht zu vergessen die bodenständige Gastronomie.

Herrliche Bade- und Ankerplätze bieten die Buchten im Südosten

Die südliche Ostküste um das Landstädtchen Santanyí und seinen pittoresken Hafen Cala Figuera ist kaum erschlossen, der große Boom steht der dünn besiedelten und sehr trockenen Gegend noch bevor. Seit Jahren tobt ein Kampf um ein Siedlungsprojekt, das die Einwohnerzahl auf einen Schlag mehr als verdoppeln würde.

Die Flachlandschaften des Südens werden hauptsächlich landwirtschaftlich genutzt. Pinienwäldchen wechseln mit rotbraunen Feldern, auf denen Tausende Mandel- und Johannisbrotbäume stehen. Der einzige Urlauberort an der Südküste ist Colònia Sant Jordi, beliebt wegen fantastischer Strände wie der Platja Es Trenc. Dahinter dehnen sich große Salinen aus. Das trockene Klima behagt auch den Gewächsen im großartigen Botanicactus nahe dem Dörfchen Ses Salines.

Im Westen von Es Trenc klebt Cala Pi oberhalb einer tief eingekerbten Bucht gleichen Namens an den Felsen. Die Hochebene, die den Süden von der großen Bucht von Palma trennt, bricht hier steil zum Meer ab. In die Steinzeit datieren die Spuren einer Anlegestelle und die Wohnhöhlen in der Cala, ebenso die landeinwärts gelegene Talaiot-Siedlung von Capocorb Vell.

Die Landstädtchen Campos und Llucmajor sind besonders an ihren Markttagen attraktiv. Zwischen Llucmajor und dem Dorf Algaida erhebt sich 549 m hoch der Tafelberg Puig de Randa, der mit seinen drei Klöstern und Einsiedeleien als Mallorcas Heiliger Berg gilt – und als perfekter Aussichtspunkt. Einen Abstecher ist die Glasbläserei Gordiola an der Autobahn bei Algaida wert.

Touren in der Region

Kunstperlen und Tropfsteinhöhlen

―14― **Manacor › Coves dels Hams › Portocristo › Coves del Drac › Portocristo**

Dauer: 1/2 Tag (ohne Anfahrt)
Verkehrsmittel: Nur das Auto bietet ausreichend Unabhängigkeit, um einerseits in Manacor shoppen und andererseits an der Küste die Naturschönheiten genießen zu können. Letzter Einlass bei den Coves del Drac ist um 16.30 Uhr – für das See-Konzert muss man bis 15.30 Uhr vor Ort sein.

Ein Besuch der berühmten Tropfsteinhöhlen an der Ostküste sollte bei einem Mallorca-Urlaub nicht fehlen. Auch nicht der Abstecher nach **Manacor › S. 122**: zum Kulturbummel durchs Zentrum oder um die vielfältigen Erzeugnisse des lebendigen Handwerker- und Handelszentrums kennenzulernen. Keramik und Möbel haben lange Tradition, seit über 100 Jahren auch die **Perlas Majórica.** An der Straße Palma–Manacor ist die Firma mit ihrer großen Verkaufsschau unübersehbar (Mo–Fr 9–20, Winter 9–18, Sa/So 9.30–13 Uhr, www.majorica.com). Die Konkurrenz bei den schimmernden Kügelchen heißt **Perlas Orquídea** – an der Autobahn Richtung Palma bei Montuiri (Werksverkauf, www.perlasorquidea.com). Ebenfalls an der Straße nach Palma liegt **Oliv-Art,** ein riesiger Supermarkt für Produkte aus Olivenholz (Mo–Sa 8.30–13.30 Uhr).

―14― **Kunstperlen und Tropfsteinhöhlen Manacor › Coves dels Hams › Portocristo › Coves del Drac › Portocristo**

Südosten][Touren in der Region

Vom Stadtring im Nordosten Manacors zweigt die Landstraße zum pittoresken Hafenstädtchen **Portocristo** > S. 121 an einem langen Meeresarm ab. Attraktion der Gegend sind die Tropfsteinhöhlen: die **Coves dels Hams** > S. 121 an der Straße von Manacor her (halbstündlich Führungen) und die **Coves del Drac** > S. 121 unterhalb der Straße nach Portocolom. Nach dem Rummel im Bauch der Erde bietet Portocristo Entspannung am Meer.

Gipfelpunkte im Südosten

–15– Felanitx > Santuari de Sant Salvador > Felanitx > Castell de Santueri

Dauer: 1/2 Tag (ohne Anfahrt)
Verkehrsmittel: Die Wege sind kurz, ein Pkw ist aber notwendig, wenn man nicht in der Region wohnt und gerne radelt. Das Kastell schließt von Ostern bis Ende Oktober um 19 Uhr.

Der Südosten

–15– **Gipfelpunkte im Südosten** Felanitx > Santuari de Sant Salvador > Felanitx > Castell de Santueri

–16– **Wege in die Vorzeit** Cap Blanc > Cala Pi > Capocorb Vell

–17– **Bootstour zum Meeresnationalpark Cabrera** Colònia de Sant Jordi/ Portopetro > Cabrera

Einige der schönsten Aussichtspunkte des Südostens sind nicht etwa schwer zugängliche Bergspitzen, sondern gut erreichbare Anhöhen, deren strategisch vorteilhafte Position Mönche wie Landesherren zu schätzen wussten. Sie zu erkunden ist ein angenehmes Programm für einen halben Tag. Starten Sie mit dem ****Santuari de Sant Salvador** › S. 125, das etwa 10 km von der Küste entfernt in einer Höhe von 509 m liegt. Die serpentinenreiche enge Auffahrt beginnt etwa 2 km außerhalb von **Felanitx** › S. 124 an der Straße nach Portocolom. Schon von Weitem erkennt man auf dem Gipfel das burgähnliche Kloster und die mächtige Christusstatue auf einem Nebengipfel. In der luftigen Höhe reicht der Blick von der Küste im Osten bis zur Bucht von Palma. An manchen Tagen recht still, ist Sant Salvador trotzdem einer der beliebtesten Wallfahrtsorte Mallorcas. Nach einem Besuch der klassizistischen Klosterkirche bietet sich das nette Restaurant »Can Calco 510« für eine Einkehr an.

Fast zum Greifen nah erscheint im Süden die Ruine einer der im Mittelalter mächtigsten Burgen der Insel: das ***Castell de Santueri** › S. 126. Trotz der relativ kurzen Entfernung führt der Weg nur über **Felanitx** › S. 124. Keinesfalls sollte man die Gelegenheit versäumen, durch das sehr schöne Städtchen zu streifen, insbesondere sonntags, wenn rund um Pfarrkirche und Markthalle ein attraktiver Markt abgehalten wird. Wer einen Restaurantbesuch dem Picknick bei der Ruine vorzieht, sollte in Felanitx einkehren.

Von der Landstraße in Richtung Cas Concos/Santanyí zweigt die kurvenreiche Straße zum Kastell ab. Sie endet auf einem kleinen Parkplatz unterhalb des Haupttors. Das immense Hochplateau ist fast auf allen Seiten durch senkrechte Felswände gesichert. Nur an wenigen Stellen wurde die natürliche Festung, die in Krisenzeiten auch die Bevölkerung samt ihren Tieren beherbergen musste, mit Mauern aus groben Steinquadern verstärkt. Den Genuss eines Picknicks erhöht noch das Inselpanorama.

Typisch mallorquinische Keramikwaren auf dem Markt

Die Rückfahrt kann man über die malerische Straße nach Santanyí oder wieder über Felanitx antreten.

Wege in die Vorzeit

> **⑯ Cap Blanc › Cala Pi › Capocorb Vell**
>
> **Dauer:** 1/2 Tag (ohne Anfahrt)
> **Verkehrsmittel:** Eine klassische Autotour, wenngleich man ab S'Arenal auch mit dem Fahrrad an der einsamen Küste entlang radeln kann. Zu beachten ist, dass Capocorb Vell donnerstags geschlossen ist.

Das dünn besiedelte Hochplateau, das den Süden mit seinen Traumstränden von der Bucht der Hauptstadt Palma trennt, ist eine der abgeschiedensten Gegenden auf Mallorca. Hier finden sich jedoch interessante Reste der frühesten Besiedelung.

Von Palma aus kommend nimmt man hinter S'Arenal die Küstenstraße, passiert mehrere Urbanisationen und bei **Cap Blanc** den höchsten Punkt der Steilküste (95 m). Überaus vorsichtig muss man sich der Felskante nähern – der grandiose Ausblick auf das tief unten gegen die Felsen anbrandende Meer ist nur etwas für Schwindelfreie; leider gibt es jedes Jahr Unfälle.

Eine touristische Infrastruktur fehlt völlig, und nur der kleine Strand an der tief eingeschnittenen **Cala Pi** › S. 132 bietet die Möglichkeit, ein erfrischendes Bad zu nehmen. In der Steinzeit allerdings war die Region bereits bewohnt. Cala Pi diente den Vorzeitmenschen als Anlegestelle; sie hausten in Höhlen oberhalb des Strandes. Der moderne Ort ist um den Rand der Schlucht herum gewachsen. Wenn der Magen knurrt, dann findet man hier angenehme Plätze für eine Fischmahlzeit.

Rund 4 km landeinwärts liegt das sehr gut erhaltene Talaiot-Dorf **Capocorb Vell** › S. 132. Die beeindruckenden Überreste der Megalithkultur wurden zu Beginn des 20. Jhs. von deutschen Archäologen ausgegraben. Es handelt sich um eine Siedlung mit Rundtürmen und quadratisch angelegten Steinhäusern.

Für die Heimfahrt empfiehlt sich die Route über das nette Landstädtchen Llucmajor › S. 133, wo man Anschluss zur Autobahn nach Palma hat.

Bootstour zum Meeresnationalpark Cabrera

> **⑰ Colònia de Sant Jordi › Cabrera**
>
> **Dauer:** 1 Tag
> **Verkehrsmittel:** Überfahrt (ca. 1 Std.) mit sog. Golondrinas, neuerdings auch mit dem Schnellboot. Ab Colònia de Sant Jordi April–Okt. (nicht bei stürmischer See) tgl. 9.30 Uhr, Rückkehr 15 Uhr. Reservierung im Kiosk am Hafen (nahe Infozentrum), Tel. 971 649034, Preis ab 35 €, www.excursions acabrera.es

Einer der schönsten Ausflüge und besonders für Landratten ein unvergessliches Erlebnis ist eine Bootstour zum **Meeresnationalpark Cabrera** › S. 131. Nach der Überfahrt (an Bord sind Erfrischungen erhältlich) bietet es sich an, mit einem Picknick in der Tasche auf den markierten Wegen über die Insel zu wandern. Fischen ist nicht erlaubt, Baden, Tauchen und Schnorcheln schon. Die schönste Aussicht über die Inselgruppe hat man von der mittelalterlichen **Burgruine** hoch über dem Hafen. Die Boote fahren am Rückweg **Sa Cova Blava**, die Blaue Grotte, an.

Unterwegs im Südosten

Küste bei Cala Millor 1

Die frühe Besiedlung des Küstenstrichs um die Cala Millor belegen etliche Bauten aus der Vorgeschichte, z. B. Talaiot-Gruppen, Grabhügel und Begräbnishöhlen. Aus der Dünenlandschaft entwickelte sich das bedeutendste Feriengebiet des Inselostens. Am 2 km langen, sehr breiten und sanft abfallenden Sandstrand der Bucht von Son Servera reihen sich die Urlauberorte **Cala Millor, Cala Bona** mit Jachthafen und **Costa dels Pins** aneinander.

Etwa 4 km landeinwärts liegt **Son Servera** 2, der Verwaltungssitz dieser Küstenorte. Sehenswert ist die unvollendete Kirche ca. 150 m oberhalb des kleinen Dorfplatzes, in der ab und zu Folkloretänze aufgeführt werden.

Lebendig wird der Ort freitags, wenn Markt ist. Seinen Gästen bietet Son Servera einen flächendeckenden WLAN-Gratiszugang ins Internet. Auch mit Laptop oder Handy kann man nun am Strand surfen.

Das einzige nicht bebaute Küstengebiet weit und breit ist die flache Halbinsel **Sa Punta de N'Amer** 3. ==Der 200 ha große Naturpark schützt Sanddünen und Pinienhaine== als Lebensraum einer artenreichen Flora. In der Mitte der Landzunge erhebt sich das **Kastell,** ein quadratischer, 10 m hoher Wachturm mit einem umlaufenden Burggraben, der im 17. Jh. zum Schutz gegen Piratenüberfälle gebaut wurde. **Echt gut**

Beliebtes Ausflugsziel in der Gegend ist der **Safari Zoo** 4 › S. 19.

Info

Touristinfo
Pg. Marítim s/n][Tel. 971 585864

Hotels

■ **Son Gener**
Ctra. Artà–Son Servera, km 3
Tel. 971 183612][www.songener.com
Elegante Ferienfinca, viel Design und Komfort in alten Mauern. ●●●

Südosten][Portocristo

- **Eurotel Golf Punta Rotja**
Costa dels Pins][**Tel. 971 816500**
www.eurotelmallorca.com
Vier-Sterne-Wellnesshotel, das u. a. Thalassotherapie anbietet. ●●●

Restaurant

Sa Punta Cala Bona
Urbanización Port Verd
Tel. 971 585378
Gute mallorquinische Küche mit modernem Pfiff, einmalige Lage. ●●

Sa Coma und S'Illot 5

Südlich der Punta de N'Amer liegen die Urlaubsorte **Sa Coma** und **S'Illot**. Die Hotels hier sind neueren Datums und größer als in Cala Millor. Fast unbegrenzt ist das Sport- und Freizeitangebot der für Familien bestens geeigneten Feriengebiete. Im küstennahen Hinterland liegen 2 Golfplätze.

Restaurant

Es Moli d'en Bou
am Hotel Protur Sa Coma Playa
Tel. 971 569663
Eines der vier auf Mallorca mit Michelin-Stern ausgezeichneten Feinschmeckerlokale. À-la-carte oder Menüs. ●●●

Portocristo 6

Der lebhafte Küstenort mit seinem attraktiven Sportboothafen war ursprünglich Fischer- und Versorgungshafen von Manacor. Die erste planmäßige Besiedlung dieses Küstenstrichs erfolgte Ende des 19. Jhs., als Jordi de San Simón,

Zwei Kilometer Strand: Cala Millor

Markgraf von Reguer, auf seinem Besitz am Meer die Colònia de N. S. del Carme gründete. Die **Virgen del Carmen,** der die Pfarrkirche von 1916 gewidmet ist, wird am 16. Juli als Schutzheilige der Fischer gefeiert.

Coves dels Hams 7

Die Höhlen an der Straße nach Manacor erhielten ihren Namen nach der Form der bizarren Kalkgebilde, die an Harpunen *(hams)* erinnern (30-minütige Führungen 10–17, im Winter bis 16 Uhr, Eintritt Erw. 19 €, Kinder bis 12 Jahre 9,50 €, www.cuevas-hams.com).

Coves del Drac 8

Hauptattraktion von Portocristo sind die weitläufigen, schon in der Antike bekannten Drachenhöhlen südlich des Ortes. Der deutsche Speläologe M. F. Will zeichnete 1880 die erste Karte. Als

Entdecker des **unterirdischen Sees,** des größten in Europa, gilt der Franzose Edward A. Martel, der mit Förderung von Erzherzog Ludwig Salvator forschte. 177 m lang, ist der See im Mittel 30 m breit und bis zu 8 m tief.

Die hell erleuchtete Tropfsteinhöhle mit bizarren Formationen ist auf 2 km durch Wege und Brücken begehbar. Als Höhepunkt erlebt man ein klassisches Konzert auf dem See Martel, das mit Lichteffekten inszeniert ist. Danach kann man sich durch die unterirdische Wunderwelt, deren Spiegelbild im klaren Wasser des Sees den Eindruck einer verwunschenen Landschaft erweckt, zum Ausgang rudern lassen (Einlass April–Okt. tgl. 10, 11, 12, 14, 15, 16, 17 Uhr, im Winter 10.45, 12, 14, 15.30 Uhr; letzte Besichtigung ohne Konzert 16.30 Uhr, Eintritt Erw. 11,50 €, Kinder bis 7 Jahre 8 €, www.cuevasdeldrach.com).

Info

Touristinfo
C. Moll s/n][Tel. 971 815103

Manacor

Auf dem Stadtwappen umfasst eine Hand ein Herz: Sinnbild für »Man-a-Cor« – »Hand am Herz«. Zur Römerzeit bestand hier eine Siedlung und auch in maurischen Dokumenten fand der Ort Erwähnung. Heute ist Manacor mit knapp 40 000 Einwohnern die zweitgrößte Stadt Mallorcas, eine Industriestadt bekannt für Kunstperlen und Möbelfertigung. Hinter den gesichtslosen Vororten verbirgt sich ein sehenswertes historisches Zentrum mit Restaurants und Läden.

Ein 84 m hoher Glockenturm, lenkt schon von fern den Blick auf die Kirche **Dolors de Nostra Senyora.** Den Altar unter dem gotischen Gewölbe schmückt das Bild der Mare de Deú de la Neú (»Muttergottes vom Schnee«).

Bei einem Spaziergang durch die Gassen hinter der Kirche entdeckt man architektonische Perlen wie das Haus des **Banco de Credito Balear** (Ecke Carrer d'en Bosch/J. Segura), eine Apotheke mit Buntglasscheiben (C. J. Segura 12) und den Ausstellungssaal des **Banco March** (C. Major 21).

An der **Plaça de la Constitució** liegt die Markthalle, die alles bietet, was das Herz begehrt. Zur Kaffeepause sollte man sich in einer Bäckerei <mark>Suspiros, die typischen Plätzchen von Manacor,</mark> kaufen. *Echt gut!*

Durch den Carrer Major gelangt man zur Plaça del Convento, wo im ehemaligen **Dominikanerkloster** mit einem barocken Kreuzgang nun die Stadtverwaltung arbeitet. Sehenswert ist der churriguereske Altaraufsatz in der Klosterkirche **San Vicente Ferrer.** Von der Stadtbefestigung blieb die **Torre des Ses Puntes** am Rande der Altstadt erhalten.

Die Wehranlage **Torre dels Enegistes** (14. Jh.) an der Straße nach Cales de Mallorca beherbergt das **Museu d'Historia de Manacor.** Zu den Exponaten des Stadtmuseums zählen eine prähistorische Sammlung und Mo-

Südosten][Portocolom

saikreste der frühchristlichen Basilika von Son Peretó, die 1912 vor den Toren der Stadt freigelegt wurde (Mo und Mi–Sa 9.30–14, 18–20.30 Uhr, Eintritt frei).

Hotel

Son Amoixa Vell
Ctra. Manacor–Cales de Mallorca
Finca-Flair, kombiniert mit Wellness-Luxus ❯ S. 22.

Restaurant

Can March
C. Valencia 7, nahe Avda. Sant Joan
Tel. 971 550002][www.canmarch.com
Traditionsreiches Lokal, mallorquinische Küche mit modernen Noten. Gutes Preis-Leistungs-Verhältnis. So abends und Mo geschl. ●●

Shopping

■ Perlas Majórica ❯ S. 116
■ Oliv-Art ❯ S. 116

Portocolom 🔟

Eine Legende besagt, dass Kolumbus als Cristòfol Colom in Felanitx geboren wurde und so taufte man den Hafen der Stadt Portocolom. Bei der Anfahrt öffnet sich bereits aus der Höhe ein schöner Blick auf die stille Bucht und die Punta de Ses Crestes. Die große, fast runde Lagune, die mit dem Meer nur durch einen schmalen Kanal verbunden ist, bietet den Schiffen natürlichen Schutz. Den Eingang zur Bucht bewacht ein Leuchtturm. Ein malerisches Bild bieten die bunt bemalten Bootsschuppen unterhalb der Wohnhäuser der Fischer. Die Sandstrände **Cala S'Algar** und **Cala Marçal** am Ortsrand werden zwar von Hotels gesäumt, aber Portocolom ist noch nicht vom Tourismus überrannt. Hier verbringen viele Mallorquiner den Sommer.

Trockensteinmauern bei Manacor

Info

Touristinfo
Avda. Cala Marçal 15
Tel. 971 826084

Hotel

Bahia Azul
Ronda Crucero Baleares 78
Tel. 971 825280][www.bahia-azul.de
Preiswertes Haus mit Restaurant und Tauchschule unter deutsch-spanischer Leitung, ruhige Lage. ●

Restaurant

Celler Sa Sinia
C. Pescadors 28][Tel. 971 824323
Sehr beliebtes Fischlokal mit einer Riesenauswahl an Meerestieren. ●●●

Felanitx 11

Der Klosterberg von Sant Salvador und der Berg des Castell de Santueri trennen das 12 km landeinwärts gelegene Handwerkerstädtchen von der Küste. Schon aus der Ferne erstaunt die Vielzahl alter Windmühlen, die die Anhöhe über der Stadt krönen.

Echt gut! Die schönsten Märkte

- **Palma:** Mercat Olivar – Mallorcas kulinarisches Schaufenster, Mo–Sa › S. 54.
- **Andratx:** Mittwochs Markt für Lebensmittel, Textilien und allerlei Nützliches im Haushalt › S. 74.
- **Santuari de Lluc:** Kein Markt im klassischen Sinn, aber der Laden Mercat Artesà verkauft beste handwerkliche Produkte: köstlich für den Gaumen oder schön und sinnvoll zu gebrauchen › S. 92.
- **Pollença,** Plaça Major: Sonntagsmarkt für Gemüse und Obst › S. 101.
- **Alcudia:** Sonntagsmarkt in den Gassen des Zentrums › S. 105.
- **Felanitx:** Die Stände in der alten Markthalle haben das Richtige für ein Picknick und nicht nur die mallorquinische Küche. Außerdem sonntags Wochenmarkt › S. 124.
- **Campos:** Markttage Donnerstag und Samstag › S. 131.
- **Llucmajor:** Wochenmärkte Mittwoch, Freitag und Sonntag. Sehenswert: die Fischmarkthalle › S. 133.
- **Sineu:** Ehemals ein Bauernmarkt, ist der Mittwochsmarkt für Gemüse, Obst und Kunsthandwerk der größte der Insel › S. 137.

Allerdings stehen nur noch die Türme der einst mächtigen Windmaschinen. Wie die Ausgrabung **Clossos de Can Gaià** (Straße nach Portocolom) mit Talaiots und Begräbnisstätten beweist, war das Gebiet bereits in der Bronzezeit besiedelt.

In der Weinstadt (16 000 Einw.) haben Handel, Industrie und Landwirtschaft eine lange Tradition. Die Erzeugnisse der hiesigen Töpfer sind weithin bekannt und gefragt – ein guter Grund, um in den Geschäften im Zentrum danach Ausschau zu halten. Auch die moderne Kunst ist in Felanitx zu Hause, denn die Stadt ist Geburtsort des Malers Miquel Barceló (geb. 1956) › S. 35.

An *****Sant Miquel,** 1248 erstmals erwähnt und Mitte des 18. Jhs. neu erbaut, kommt jeder vorbei, der zum Rathaus oder in die Hauptstraße (Carrer Major) gehen will. Außen beeindrucken die ausladende Freitreppe und das Hauptportal, über dem der Erzengel Michael über den Teufel triumphiert, innen ist es die prächtige Ausstattung.

An der gegenüberliegenden **Plaça Sa Font de Santa Margalida** führen Stufen hinunter in eine ovale Brunnenstube von 1830. Ebenfalls an diesem Platz ist das Kulturzentrum der Stadt in dem schönen Patrizierhaus **Can Prohens** eingerichtet.

Hinter Sant Miquel liegen das Rathaus **Casa Consistorial** mit hohen Arkaden und die geräumige **Markthalle,** Zentrum des bunten Wochenmarkts am Sonntag.

Südosten][Santuari de Sant Salvador

Das Landstädtchen Felanitx am Rande der Serres de Llevant

Vom Carrer Major führt eine Treppe auf den **Kalvarienberg.**

An den Esplanaden rund um das Zentrum sitzt man angenehm in schönen Kaffeehäusern wie dem **Cala Fava** (Ecke Carrer de Campos/Pg. Ernest Mestre) und **Can Moix** (C. G. Timoner 1).

Hotel

Sa Posada d'Aumallia
Camino Son Prohens 1027
zwischen Küste und Felanitx
Tel. 971 582657][**www.aumallia.com**
Komfortables Landhotel mit kultureller Note, Pianomusik zum Dinner. ●●

Restaurant

Estragon
Pl. Peralada 14][**Tel. 971 583303**
Mediterrane Küche in familiärer Umgebung. Günstiges Mittagsmenü. ●●

Shopping

Hübsche Tonwaren entdeckt man in der Töpferei **Ceràmicas Mallorca** (C. Sant Agustí 50–58). Auch Wein wird in Felanitx direkt von den Erzeugern verkauft, z.B. bei **Lluis Armero Gónzalez** (Passeig Ernest Mestre 57).

Santuari de Sant Salvador 12

Anfang des 14. Jhs. lebte auf dem 509 m hohen Gipfel der erste Eremit der Insel. Das heutige Gotteshaus stammt aus dem Jahre 1734. Auf dem flachen Bergrücken ragen eindrucksvoll ein Steinkreuz und das 7 m hohe **Monument Cristo Rei** (1934) auf: Es zeigt Christus als König mit Krone und Zepter in der Hand.

Die Klosterkirche schmückt ein einzigartiger gotischer Altaraufsatz aus Alabaster (1500) mit Szenen von Abendmahl und Passion. Kurios sind die Miniaturen hinter groben Glaslupen rechts vom Eingang in der alten Kirchenmauer.

Besonders zu Ostern und an Feiertagen wallfahren die Einheimischen auf den Berg, wobei ein ausgiebiges Picknick nicht fehlen darf. Von den Terrassen reicht der Blick bis nach Palma.

Die ehemalige Pilgerherberge wurde in ein schlichtes, aber komfortabel ausgestattetes Hotel verwandelt (Tel. 971 515260, www.santsalvadorhotel.com). Das Restaurant-Café »Can Calco 510« – der Name spielt auf die Höhe an – bietet tagsüber preiswerte Snacks und Menüs mit einheimischen Spezialitäten. Sein größter Trumpf ist die Panoramaterrasse mit Blick über die halbe Insel.

*Castell de Santueri 13

Vermutlich existierte schon zur Römerzeit eine Art Kastell auf dem Tafelberg südlich von Felanitx. Die Mauren trotzten der christlichen Übermacht auf dieser Burg über ein Jahr bis zur Übergabe durch ihren Führer Xuaip an König Jaume I. Bis 1484 regierte ein vom König eingesetzter Burgherr die Festung, komplett mit Zisterne, Mühle, Kirche, Waffenarsenal und Ställen. Die Burg diente als Küstenwache und Zufluchtsort bei Piratenüberfällen. Erhalten sind einige Wachtürme und das zinnengekrönte Mauerstück am Eingang mit dem Runden Turm. Die Anlage war wegen einer umfangreichen Restaurierung für Besucher geschlossen. Ab Frühjahr 2012 soll sie der Öffentlichkeit wieder zugänglich sein.

Cala d'Or 14

Schneeweiß präsentieren sich die flachen Hotel- und Apartmentkomplexe der modernen Feriensiedlung. Nachts ziehen die unzähligen Kneipen, Restaurants und Diskotheken im Ortszentrum viel Publikum an. Die ersten Häuser im kubenförmigen Ibiza-Stil entstanden in den 1930er-Jahren. Der Architekt Pep Costa Ferrer orientierte sich am Baustil seiner Heimat und nannte das Ensemble Cala d'Hort. Die Mallorquiner stilisierten den Namen zur »goldenen Bucht«: Cala d'Or.

Die Feriensiedlung gruppiert sich um fünf gepflegte, feinsandige Strände – Hauptstrand ist die **Cala Gran** – und den exklusiven **Jachthafen,** der von der früheren Festung **Es Fortí** beherrscht wird.

Gepflegtes Ambiente in Cala d'Or

Info

Touristinfo
C. Perico Pomar 10
Tel. 971 657463

Hotels

- **Rocador**

C. Marqués Comillas 3
Tel. 971 657075
www.hotelesrocador.com
Drei-Sterne-Hotel in perfekter Strandlage; bemerkenswertes Frühstücks- und Abendbuffet, Fitnesszentrum. ●●

- **Cala d'Or Gardens**

Punta d'Es Port][Tel. 971 657510
2,5 km vom Zentrum, familienfreundliche All-inclusive-Anlage mit Kinderclub, Sport- und Unterhaltungsprogramm. ●●

Portopetro 15

Weit weniger touristisch als Cala d'Or ist der ca. 3 km entfernt gelegene kleine Fischer- und Sportboothafen. Die Zufahrtsstraße windet sich malerisch um die geschützte Bucht. Oberhalb des Hafens sitzt man idyllisch auf den Terrassen von etwa einem halben Dutzend Restaurants.

Über Portopetro führt auch der bequemste Weg zum Naturpark **Cala Mondragó**. Während an der Hauptbucht gleichen Namens einige Hotels im Pinienwald stehen, ist die kleinere Bucht **S'Amarador**, die ebenso wie das unmittelbare Hinterland zum Naturpark gehört, in ihrer Ursprünglichkeit erhalten. Sie ist eine der schönsten Badebuchten Mallorcas.

Restaurant

La Caracola
Avda. del Puerto 40][Tel. 971 657013
Einfaches Lokal mit deftiger mallorquinischer Küche, besonders am Wochenende gut besucht. ●

Santanyí 16

In dem ruhigen Landstädtchen (7000 Einw.) scheint die Zeit stehen geblieben. Der Tourismus konzentriert sich in den Buchten Cala Figuera, Cala Santanyí und Cala Llombards. Allerdings ist die Ruhe von einem Siedlungsprojekt bedroht, das die Einwohnerzahl mehr als verdoppeln würde.

Die massiven Häuser im alten Stadtkern bestehen aus dem gelben bis ockerfarbenen Santanyí-Stein, der dem Ort ein spezielles Flair gibt. Von einer mächtigen Befestigungsanlage ist nur das Tor **Porta Murada** erhalten.

In der Pfarrkirche **Sant Andreu Apòstol** (18. Jh.) an der Plaça Major ist eine alte Orgel von Jordi Bosch zu bewundern. Hinter der Kirche versteckt sich die kleine **Capella del Roser** (13. Jh.; Schlüssel für beide im Pfarramt). An der Ortsausfahrt Richtung Ses Salines liegt eine riesige Zisterne *(aljub)* in einer Grünanlage. Sie diente lange als Pferdetränke.

Restaurant

Sa Cova
Plaça Major 30
Die Galeria-Bar besticht durch ihr geschmackvolles Interieur. **Der Clou: Möbel und Deko sind zu kaufen.** Serviert werden leckere Kleinigkeiten: Salate, Säfte und Kuchen. Do geschl. ●

Echt gut!

Shopping

Ceràmiques de Santanyí
C. Guardia Civil 22
Der Familienbetrieb fertigt außergewöhnliche Keramik (eigene Entwürfe).

Romantischer Hafen an der fjordartigen Bucht von Cala Figuera

Cala Figuera 17

Die »Feigenbucht« ist kein Badeplatz, sondern dient als Schutzhafen für kleine Boote. Fjordartig schneiden die beiden Meeresarme **Caló d'en Boire** und **Caló d'en Busques** in die Felsenküste; dicht an dicht liegen am Rand die Fischerboote. Die vorwiegend jungen Feriengäste klettern über hölzerne Bootsstege, Bootsrampen und Fischernetze, um einmal rund um die beiden Fjorde bis zum Leuchtturm und zur **Torre d'en Bèu** zu wandern.

Trotz des Tourismus hat sich der Ort das Flair eines romantischen Fischerortes bewahrt. Abends trifft man sich auf der Terrasse der **Bon Bar,** um die Hafenszenerie zu genießen, oder in einem der Restaurants, die ihre Speisekarten auf das primär deutsche Publikum eingestellt haben.

Während der Sommermonate verkauft der Kunstmaler Hein Drießen in seiner Galerie **Sirena** eigene Werke, vor allem Aquarelle und Zeichnungen › S. 39.

Zum Baden laden die Sandstrände der Umgebung ein: die Doppelbucht **Cala Mondragó** im Norden oder **Cala Santanyí** und **Cala Llombards** im Süden (mit öffentlichem Zubringerdienst).

Freunde des Unterwassersports finden am Hafen die **Tauchschule Skualo** (Tel. 971 645300, www.mallorcadiving.com), die Kurse für Anfänger und Fortgeschrittene sowie Tauchausflüge organisiert.

Hotels

■ **Hostal Oliver**
Bernereggi 37][Tel. 971 645127
www.hostal-oliver.com
Freundliche, ruhige Pension am Ortseingang, alle Zimmer mit Balkon; beliebter Biker-Treff. ●

Südosten][Colònia Sant Jordi

■ **Villa Sirena**
Verge del Carme 37][**Tel. 971 645303**
www.hotelvillasirena.com
Einmalige Lage auf den Klippen, mit Poolterrassen und Meerzugang. 45 Zimmer, auch Apartments; Internetcafé. ●

Ses Salines [18]

Das verschlafene Landstädtchen erhielt seinen Namen von den nahen Salinen. Einzige Attraktion ist die **Casa Manolo** an der Plaça Sant Bartolomeu gleich neben der Pfarrkirche, bekannt auf der gesamten Insel wegen der ausgezeichneten Tapas. Wer die hervorragenden Fischspezialitäten im Speisesaal im ersten Stock genießen will, muss spätestens am Vortag einen Tisch reservieren (Tel. 971 649130, ●●–●●●).

Botanicactus [19]

Zwischen Ses Salines und Santanyí liegt auf den Ländereien der **Finca Camp de Sa Creu** einer der großen botanischen Gärten Europas. Auf einem 150 000 m² großen Areal wachsen rund 1600 Pflanzenarten aller Kontinente, im Kakteengarten 400 verschiedene Sukkulenten. Ein Drittel der Fläche nimmt die Feuchtzone mit dem größten künstlichen See der Balearen ein. Im Mallorquinischen Garten wachsen Pinien, Oliven-, Mandel- und Orangenbäume, Blütenpflanzen bilden eine großartige Farbsymphonie (im Sommer tgl. 9–19, im Winter tgl. 10–16.30 Uhr, Eintritt Erw. 7,50 €, Kinder 4,20 €, www.botanicactus.com).

Colònia de Sant Jordi [20]

Sa Puntassa heißt der von Mini-Inseln umgebene Felsvorsprung, um den herum sich der prosperierende Ferienort ausbreitet, der einzige dieser Art im Süden. Bei Grabungsarbeiten auf dem Inselchen **Na Guardis** unweit der Küste fand man Reste der ersten phönizischen Siedlung Mallorcas, aber Colònia de Sant Jordi war lange nur Fischer- und Versorgungshafen für Campos. Heute boomt der Tourismus mit mehr als 3000 Betten.

Das **Cabrera-Informationszentrum** stellt auf 2500 m² die Unterwasser- und Tierwelt des Meeresnationalparks von Cabrera vor › S. 130 (C. Gabriel Roca, beim Hafen, 10–14.30, 15.30–18 Uhr).

Hauptattraktion des Botanicactus: diverse Arten von Sukkulenten

Südosten – Colònia de Sant Jordi

Farben und Sand wie an karibischen Traumstränden: Platja Es Trenc

10 Platja Es Trenc

Hinter den letzten Hotels von Colònia de Sant Jordi beginnt im Westen der herrliche Naturstrand, der in seinem Mittelstück auch FKK-Bereich ist. Auf den 5 km bis Sa Ràpita wird der traumhafte, helle Sandstreifen nur durch die wenig attraktive Sommersiedlung **Ses Covetes** unterbrochen. Ihr Name erinnert an die Höhlen in der Umgebung, die die Römer als Begräbnisstätten nutzten. Ende des 19. Jhs. errichteten Familien aus Campos am Wasser erste Sommerhäuser. Und schon in der Franco-Zeit war Es Trenc Ziel hüllenloser Sonnenanbeter.

Im Osten schließt sich an den Jachthafen der Sandstrand **Els Dolç** an. Es folgen zunehmend einsame, auch während der Hochsaison nicht überfüllte Traumstrände, die durch niedrige Felsnasen voneinander getrennt sind.

Eine ausgedehnte Strandwanderung über ca. 10 km kann man bis zum Leuchtturm am **Cap de Ses Salines** unternehmen, ohne dass man auf Anzeichen menschlicher Besiedlung stoßen würde. Leider verbietet ein durchgehender Zaun gleich hinter den ersten Dünen ein Erforschen des Hinterlandes. Es befindet sich im Besitz der Bankiersfamilie March, die hier auf der Finca Sa Vall ihren Familiensitz hat.

Info

Touristinfo
C. Gabriel Roca s/n
Tel. 971 656073

Hotels

■ **Hostal Playa**
C. Major 25][Tel. 971 655256
www.restauranteplaya.com
Das Zwei-Sterne-Hotel (8 Zi.) wird in vierter Generation von der Familie geführt. Hübscher Aufenthaltsraum (Bar, Restaurant) voller Erinnerungsstücke. Terrasse mit Meerblick. ●●

■ **Villa Piccola**
Avda. Primavera 2][Tel. 971 655393
www.villapiccola.com
Schickes Aparthotel gleich am Anfang der Platja Es Trenc. ●●

■ **S'Hort des Turó**
Ctra. Ses Salines–Colònia de Sant Jordi, km 2,5][Tel. 697 179970
www.hortdesturo.eu
Auf einer Anhöhe gelegene Finca, 12 gemütliche Zimmer. ●●

Nationalpark Cabrera

Die Ziegeninsel ist die größte innerhalb eines kleinen Archipels mit zwölf weiteren kargen Inseln, in denen sich – vorgelagert dem Cap de Salines – die Serres de Llevant untermeerisch fortsetzen. Auf Cabrera steigt das Land von der schroffen Felsküste bis auf 172 m an, und zwar im Gipfel des **Na Picamosques** im Osten.

Während der Napoleonischen Kriege war Cabrera Gefangeneninsel. Seit 1991 hat es den Status eines Nationalparks, der Fischadler, seltene Möwenarten und die marine Fauna um die Inseln schützt, darunter Kleinwale und Delfine. **Bootsausflüge** › S 119.

Banys de Sant Joan

Neben den weitläufigen Salzfeldern von **Es Salobrar** liegt das alte Thermalbad – schon die Römer sollen die warme Quelle genutzt haben. Im 16. Jh. pilgerten Haut- und Leprakranke zur Heilquelle *(Font Santa)*. 1845 wurde das heutige **Badehaus** eröffnet. Mallorcas einzige Thermalquelle spendet mineralreiches, 38 °C warmes Wasser, das bei Hautkrankheiten, Rheuma, Arthrose, Bronchitis und Ischias lindernd wirken soll. 2011 wurde der Thermalbereich modernisiert, auch das angeschlossene kleine Hotel erfuhr eine Umgestaltung.

Hotel

Font Santa Hotel
Ctra. Campos–Colonia San Jordi Km 8,2][Tel. 971 655016
www.fontsantahotel.com
Schmuckes Viersterne-Spa-Hotel mit 25 komfortabel ausgestatteten Suiten und Doppelzimmern. ●●●

Campos

Das freundliche Landstädtchen wurde um 1300 von Jaume II. an der Stelle einer maurischen Siedlung gegründet. Im 15./16. Jh. legte man einen **Verteidigungsring** an, von dem noch sechs Wachtürme erhalten sind.

Das **Rathaus** an der Plaça Major stammt aus dem Jahr 1642. Zu den prachtvollen Palästen im Zentrum gehört auch **Sa Creu,** auf dessen Vorplatz der **Wochenmarkt** stattfindet. An den Markttagen (Do, Sa) füllt sich das Städtchen mit Leben. Viele der angebotenen Lebensmittel stammen aus der Gegend, v. a. Kapern. Leckermäuler kommen nicht an der bekannten Konditorei Can Pomar (C. de la Creu 20) vorbei. *Echt gut!*

Die Ursprünge der Pfarrkirche **Sant Julià** (19. Jh.) gehen auf das Jahr 1248 zurück. Als Kostbarkeit birgt sie in einer Seitenkapelle das Gemälde *****Sant Crist de la Paciència,* ein Werk des berühmten Sevillaner Malers Bartolomé Esteban Murillo (1617–1682). Zur Besichtigung muss man im Pfarrhaus *(rectoría)* vorsprechen.

Sehenswert ist ferner die gotische Kirche **San Blas** außerhalb des Zentrums.

Sa Ràpita und S'Estanyol 25

Die beiden Feriensiedlungen sind fast zu einem Doppelort verschmolzen. Anfangs standen hier nur einige schlichte Fischerhütten, später bauten wohlhabende Familien aus Llucmajor ihre Sommerhäuser an der felsigen Küste. 1970 entstand der **Jachtklub** von S'Estanyol, einige Jahre später der schicke **Segelhafen** von Sa Ràpita, wo noch ein alter **Wachturm** steht.

Hotel

Hostal Bris
Sa Ràpita][C. Calamar 8
Tel. 971 640249
www.vicente-mallorca.com
Sauber und preiswert, mit Cafeteria und Fahrradverleih. ●

Restaurant

Ca'n Pep
Sa Ràpita][Avda. Miramar 28
Tel. 971 640102
Frischer Fisch und Meeresfrüchte; Terrasse am Meer. ●●

Capocorb Vell 26

Capocorb Vell ist die besterhaltene bronzezeitliche Siedlung der Insel. Die ersten Ausgrabungen fanden 1910–1920 statt und wurden später von einem französisch-deutschen Archäologenteam fortgesetzt. Hinter den Resten einer Zyklopenmauer kann man auf schmalen Pfaden einen Rundgang durch das vorgeschichtliche Dorf unternehmen. Erhalten sind u.a. die Grundmauern von 28 beeindruckend großen Wohnstätten, teils mit Eingängen, deren Deckstein noch auf den Pfosten liegt, sowie mit Säulenresten in der Mitte der Räume. Zwei quadratische Talaiots und drei Rundtürme liegen am Rande der Siedlung (Mo–Mi, Fr–So 10–17 Uhr, www.talaiotscapocorbvell.com).

Cala Pi 27

Nur wenige Kilometer von Capocorb Vell entfernt liegt die idyllische Siedlung Cala Pi oberhalb der tief in die Steilküste eingekerbten Schlucht gleichen Namens. Die dort heute als Bootsschuppen genutzten Höhlen am kleinen **Sandstrand** boten bereits den Menschen der Bronzezeit Schutz. Die primitive Anlegestelle gilt als ältester Hafen von Mallorca.

2 m dicke Mauern in Capocorb Vell

Südosten][Llucmajor

Seit der Bronzezeit ein beliebter Ankerplatz: Cala Pi

Restaurants

■ **Mirador de Cabrera**
Urbanización Es Pas de Vallgornera
C. Murillo 8][**Tel. 971 123338**
Fantasievolle Küche des deutschen Jörg Klausmann an einem spektakulären Ort. ●●

■ **Cas Busso**
Ctra. Cap Blanc, km 24
bei Capocorb Vell][**Tel. 971 123002**
Deftige Hausmannskost wie Spanferkel, Kaninchen, Lammbraten oder *frit mallorquí*. ●

Cap Blanc

Der Felsvorsprung mit Leuchtturm und altem Wachturm schließt die Bucht von Palma ab. Tief unten (Vorsicht!) sieht man die Fischerboote vorbeiziehen und hat dabei den Ausblick bis zur Insel Cabrera. Die Felsen um den Leuchtturm sind ein idealer Picknickplatz.

Llucmajor 28

Die 18 km von Palma und 12 km von der Küste entfernt gelegene, beschauliche Stadt (17 000 Einw.) ist neben Campos das zweite Wirtschaftszentrum des Südens. Als die Bahn 1916 erstmals hier Halt machte, rückten die Inselhauptstadt und das Meer in greifbare Nähe. Mit der Eröffnung des Bahnhofs in S'Arenal nahm der Badetourismus seinen Anfang.

Die Esplanade Jaume III., an deren Ende ein Standbild an den 1349 bei Llucmajor gefallenen letzten mallorquinischen König erinnert, führt ins Ortszentrum, und zwar zur **Plaça Espanya** mit der **Casa Consistorial** (Rathaus, 1882). Vor dem Rathaus spielt sich am Mittwoch, Freitag und Sonntag der Wochenmarkt ab.

Die modernisierte Fischmarkthalle von 1915 gleich um die Ecke weist hübsche schmiedeeiserne Verzierungen auf. Die Pfarrkirche **Sant Miquel** (18. Jh.) wird 1248 erstmals erwähnt. An der Kreuzung der Straßen Bisbe Taixequet und A. Maura ehrt ein Denkmal die Zunft der Schuhmacher. Viele der Einwohner waren bis vor wenigen Jahren in der Schuhindustrie beschäftigt. Im C. Bisbe Taixequet wartet das ehemalige **Hotel España,** 1914 als Unterkunft für Geschäftsleute und Handelsreisende eröffnet, mit einer reizvollen Jugendstilfassade auf. Rings um die Plaça Espanya gibt es **historische Kaffeehäuser, darunter das Café Colón von 1928.**

Restaurant

Es Molí d'en Gaspar
Am Ortsausgang Richtung Campos
Tel. 971 662526
Das rustikale Restaurant neben einer restaurierten Getreidemühle pflegt eine herzhafte mallorquinische Küche (Mo, Di geschl.). ●●

11 **Puig de Randa** 29

Zwischen Llucmajor und Algaida liegt der 549 m hohe Tafelberg Puig de Randa, an dessen Fuß sich das malerische Dorf **Randa** schmiegt. Die größte Erhebung des Südens gilt auch als Heiliger Berg der Mallorquiner, da zwei Klöster und Einsiedeleien, **Santuari de Nostra Senyora de Gràcia** und **Santuari de Sant Honorat,** an seinen Flanken liegen und die größte Anlage, **Santuari de Nostra Senyora de la Cura,** das Hochplateau beherrscht. Hier wirkte und lebte der Universalgelehrte Ramon Llull › S. 36. und verfasste die meisten seiner mehrere Hundert Bände umfassenden Schriften. Das Klostermuseum zeigt viele Erinnerungsstücke (tgl. 10–13, 16–18 Uhr, So nur nachmittags, Eintritt frei, kleine Spende erbeten).

Unterkunft

Wer die entspannte Atmosphäre länger als einen Tag genießen will, kann sich in der **Hospedería** mit 35 einfachen Zimmern einmieten (Tel. 971 120260, www.santuaridecura.org, ●).

Restaurant

Besser als im Kloster isst man unten im Dorf, z.B. im **Celler de Randa,** neben der Pfarrkirche. Dort serviert man einfache, aber wohlschmeckende Hausmannskost und einen guten Hauswein (Tel. 971 660989, ●).

Algaida 30

Das ruhige Bauerndorf wäre touristisch kaum von Interesse, gäbe es nicht an der Autobahn in Richtung Palma die **Glasbläserei Gordiola.** Das riesige Gebäude ist kaum zu übersehen. In der Werkstatt wird Glas geschmolzen und zu mannigfaltigen Objekten geblasen oder gezogen. Man kann den Männern bei ihrer schweißtreibenden Arbeit zusehen und eventuell eines der gerade erzeugten filigranen Werke als Andenken mitnehmen (Glasbläserei, kleines Museum und Laden 9–13, 15–19 Uhr, www.gordiola.com).

Restaurant

Cal Dimoni
Poligono Industrial][Tel. 971 665035
In der ehemaligen Poststation (neben der Autobahn) bekommt man große Fleischportionen. Mi geschl. ●●

Vilafranca 31

Nach dem Bau der Autobahn ist im Melonendorf, so genannt wegen des alljährlichen Wettbewerbs um die dickste Melone, buchstäblich ländliche Ruhe eingekehrt. An der Hauptstraße liegen schöne Obst- und Gemüseläden.

12 Museumsfinca Els Calderers

Wirklich interessant ist die ein paar Kilometer außerhalb in Richtung Sant Joan liegende Museumsfinca. Das imposante Gebäude mit Ursprüngen in maurischer Zeit bietet auf zwei Stockwerken und in vielen Nebengebäuden einen hervorragenden Einblick in das Leben und den Arbeitsalltag der Mallorquiner vor mehr als 200 Jahren. Weinkeller, Vorratsspeicher, eine Hauskapelle und die Beletage mit Exponaten, die vom Wohlstand der Besitzer zeugen, laden zu einer Zeitreise in die Vergangenheit ein (im Sommer tgl. 10–18, im Winter bis 17 Uhr; Eintritt Erw. 8 €, Kinder ab 4 Jahre 4 €, www.elscalderers.com).

Restaurant

Es Cruce
Ctra. Palma–Manacor, km 41 (Kreuzung Ctra. Petra–Felanitx)
Tel. 971 560073

Die Produkte der Inselglasbläsereien verführen zum Kauf

Mallorcas einziges Fernfahrerlokal mit riesigen Kapazitäten, schnellem Service und mallorquinischen Spezialitäten zu günstigen Preisen. ●

Petra 32

Schnurgerade schneidet der Carrer Major durch das 2700-Einwohner-Städtchen. Das Auto lässt man am besten auf dem Vorplatz von **Sant Pere** stehen; das enge Zentrum bietet wenig Parkmöglichkeiten. Petra ist wegen seines guten Weines bekannt, noch mehr aber als Geburtsort eines berühmten Mallorquiners: Fra Juniper Serra.

Der Weg zum **Serra-Museum** ist ausgeschildert. Der Carrer J. Serra führt an der majolikaverzierten Seitenfassade von San Bernadino vorbei. Fliesenbilder stellen die von Serra gegründeten Missionen dar. Er wurde im Haus der Großeltern geboren. Da es heute nicht mehr existiert, zeigt man den Besuchern gern das **Elternhaus** im Carrer Barracar Alt. In dem schlichten, reetgedeckten

Die Madonna der Ermita de Bonany sorgt für den Erntesegen

Gebäude mit hübschem Hinterhof, das seit 1577 in Familienbesitz war, verbrachte Serra seine Kindheit. Das **Museum** nebenan zeigt Landkarten, Skizzen, Briefe und Bilder von Serras Missionsgründungen in Kalifornien und Mexiko (Anmeldung erforderlich, Tel. 971 561149, oder im Carrer P. Miguel de Petra 2 vorsprechen, www.frayjuniperoserra.net).

Restaurant

Es Celler
C. de l'Hospital 46][Tel. 971 561056
Typischer Weinkeller mit mallorquinischer Küche. Mo geschl. ●●

*Puig de N. S. de Bonany 33

An der Ortsausfahrt von Petra in Richtung Felanitx beginnt der Fahrweg zur **Ermita Nostra Senyora de Bonany.** Vorbei am Mühlenturm Joan Valero, durch Obstbaumplantagen und Schafweiden, Kiefern- und Steineichenwälder sind es bis zur Spitze des **Puig de Bonany** (317 m) rund 4 km. Am Eingangstor zur Einsiedelei ist die Legende der Auffindung der Heiligenstatue dargestellt. Nach schwerer Krankheit ließ Pfarrer M. Vicens aus Petra 1604 eine Wallfahrtskapelle auf dem Berg

Fra Juniper Serra

Im gotischen Taufbecken der Pfarrkirche von Petra wurde 1713 ein armer Bauernsohn auf den Namen Miguel José getauft, der als Fra Juniper Serra (1713–1784) in die Geschichte eingehen sollte. Der aufgeweckte Junge fand Aufnahme im Kloster San Bernardino, trat später in den Orden der Franziskaner ein und ging als junger Missionar nach Amerika. Aus den 21 von ihm gegründeten Missionen entwickelten sich ein halbes Dutzend Millionenstädte an der Westküste der USA. Seine Büste steht als einzige eines Spaniers im Kreis der Großen Amerikas in der »Hall of Fame« im Capitol von Washington. In Petra ehrt ihn eine Skulptur auf der nach ihm benannten Plaça.

Südosten][Sineu

errichten. Als im Dürrejahr 1609 die Ernte ausblieb, baten die Gläubigen aus Petra die Madonna um Hilfe. Ihr inständiges Bitten wurde erhört, es regnete und die nächste Ernte war üppig. So bürgerte sich der Name »Muttergottes des Guten Jahres« ein.

Einsiedler ließen sich 1896 auf dem Berg nieder. Beim Bau der heutigen Kathedrale der Berge blieb das Hauptportal aus dem 18. Jh. erhalten. Auf dem Hochaltar umrahmen Statuen der Heiligen Paulus und Antonius die farbig gefasste Holzfigur Marias.

Von der Aussichtsterrasse geht der Blick weit über die Ebene des Pla de Mallorca mit ihren Mandel- und Johannisbrotbäumen. Ein Kreuz erinnert an Fra Junipero Serra, der sich vor rund 250 Jahren auf dem Berg von Freunden und Nachbarn verabschiedete, bevor er nach Amerika aufbrach.

Unterkunft

In der **Einsiedelei** stehen zur Übernachtung 5 schlichte Wohnzellen zur Verfügung. Schlafsack oder Decke sind mitzubringen (**Tel. 971 826568**, ●).

Sineu 34

Sineu nennt sich Alte Königsstadt, da Jaume II. hier seine Sommerresidenz hatte. Das ruhige Landstädtchen liegt nicht nur im Herzen der großen Ebene Es Pla, sondern auch fast genau im geografischen Mittelpunkt der Insel. Die meisten der knapp über 8000 Einwohner leben noch von der Landwirtschaft. Jeden Mittwoch verändert sich das sonst ruhige Leben, wenn Tausende von Besuchern zum **Wochenmarkt auf den großen Platz** unterhalb der Altstadt und in die winkligen Gassen strömen. Obwohl zwischen den schönen Ständen mit einheimischen Lebensmitteln, Keramik und Kunsthandwerk jede Menge Nippes »made in Hongkong« zu finden ist, hat der Markt seine Stellung als bester der Insel behauptet.

`Echt gut!`

Hotel

León de Sineu
C. dels Bous 129][**Tel. 971 520211**
www.hotel-leondesineu.com
Restauriertes Herrenhaus, 9 schmucke Zimmer; kleiner Pool im Garten. ●●

Restaurant

Celler Son Toreo
C. Son Torelló 1][**Tel. 971 520138**
Mallorquinische Hausmannskost gibt es in dem Traditionslokal etwas abseits vom Markttrubel. Mo geschl. ●●

Kunst im alten Bahnhof

In Sineu halten seit 2004 – nach einer Pause von über 20 Jahren – wieder Züge. Nicht nur die Gleise mussten neu verlegt werden, auch ein neuer Bahnhof war notwendig. Im alten von 1878 leitet Klaus Drobig die Kunstgalerie **S'Estació**. Nach dem Besuch der wechselnden Ausstellungen zeitgenössischer Kunst kann man sich auf der Terrasse der Galerie am Bahnsteig erfrischen (Tel. 971 520750, www.sineuestacio.com, So geschl.).

Infos von A–Z

Ärztliche Versorgung/ Apotheken

In allen Ferienorten stehen **Ärztezentren** *(centros médicos)* mit deutsch- oder englischsprachigem Personal zur Verfügung. Die Dienste dieser privaten Einrichtungen müssen sofort bar bezahlt werden (pro Besuch ca. 50 €).

In den **Gesundheitszentren** *(ambulatorios)* der staatlichen Krankenversicherung kann man sich gegen Vorlage der neuen Europäischen Krankenversicherungskarte (EHIC) bzw. einer Ersatzbescheinigung kostenlos behandeln lassen. Der Abschluss einer **Reisekrankenversicherung** inkl. Rücktransport ist immer zu empfehlen.

Ärztlicher Notruf der **Seguridad Social:** Tel. 061.

Die **AOK** unterhält auf Mallorca eine Geschäftsstelle: Carrer Papa Juan XXIII. 3, Einkaufsgalerie Los Geranios (neben dem Markt S'Olivar), Tel. 971 710436.

Viele **deutsche Ärzte** praktizieren auf Mallorca; die Adressen sind bei den diplomatischen Vertretungen zu erfahren. Im »Mallorca Magazin« und in der »Mallorca Zeitung« sind fast alle aufgelistet. Auch Hotels und Tourismusbüros können Deutsch sprechende Ärzte vermitteln.

Apotheken erkennt man am grünen Kreuz. Sie sind während der normalen Geschäftszeiten geöffnet. Welche Nachtdienst oder 24-Stunden-Service haben, findet man im Aushang neben den Apothekentüren oder in den Zeitungen unter der Rubrik *farmacias*.

Behinderte

Die Verkehrsbetriebe von Palma (E.M.T., www.emtpalma.es) haben ihre Busse für Rollstuhlfahrer und Schwerbehinderte ausgerüstet.

Devisenbestimmungen

Euros und Fremdwährungen dürfen bis zum Wert von 10 000 € ohne Deklaration ein- und ausgeführt werden; höhere Beträge sind anzeigepflichtig.

Diplomatische Vertretungen

- **Deutsches Konsulat**, Carrer Porto Pi 8, 3° D, Edificio Reina Constanza, 07015 Palma de Mallorca, Tel. 971 707737, Mobil- Tel. 659 011017 (in Notfällen), www.palma.diplo.de
- **Österreichisches Honorarkonsulat**, Av. Alejandro Rosselló 40, 5° 07002 Palma de Mallorca, Tel. 971 274711
- **Schweizerisches Generalkonsulat**, Gran Via Carlos III. 94, 7°, 08028 Barcelona, Tel. 934 090650, vertretung@bar.rep.admin.ch
- **Schweizerisches Honorarkonsulat**, Christian Neukom, Antonia Martinez Fiol 6, 3a, 07010 Palma de Mallorca, Tel. 971 768836

Einreise

EU-Bürger und Schweizer benötigen für einen Aufenthalt bis zu drei Monaten einen Reisepass oder Personalausweis bzw. eine Identitätskarte, Kinder unter 16 Jahren einen Kinderausweis oder den Eintrag im Pass eines Elternteils.

Elektrizität

Die meisten Hotels verfügen über eine Spannung von 220 Volt Wechselstrom. Notfalls sind Zwischenstecker *(adaptador)* vor Ort erhältlich.

Feiertage

Überregionale gesetzliche Feiertage: **1. Jan.** (Neujahr), **6. Jan.** (Dreikönigstag), **1. März** (Tag der Balearen), Grün-

Infos von A–Z

donnerstag, **Karfreitag**, **1. Mai** (Tag der Arbeit), **15. Aug.** (Mariä Himmelfahrt), **12. Oktober** (Nationalfeiertag), **1. Nov.** (Allerheiligen), **6. Dez.** (Tag der Verfassung), **8. Dez.** (Mariä Empfängnis), **25. Dez.** (Weihnachten), **26. Dez.** (hl. Stephan).

In Palma sind außerdem der **20. Jan.** (hl. Sebastian, Schutzpatron der Stadt) und der **Ostermontag** arbeitsfrei.

FKK
Oben-ohne hat sich quasi an allen Stränden und an den meisten Hotelpools durchgesetzt. Etwas Feinfühligkeit gegenüber älteren Insulanern und dem Servicepersonal ist aber angebracht. Ausgewiesene FKK-Gebiete sind im Süden der mittlere Teil des Naturstrands **Es Trenc** › S. 130, die kleine **Platja des Mago** bei Portals Vells/Magaluf und die **Cala Torta** bei Artá.

Geld
Landeswährung ist der Euro (€). Bankautomaten *(caixer automatic)* sind weit verbreitet. Gängige Kreditkarten werden in vielen Restaurants und Geschäften akzeptiert.

Haustiere
Für die Mitnahme von Hunden und Katzen nach Spanien benötigt man den EU-Heimtierausweis mit einer gültigen Tollwutimpfung; zudem muss das Tier mit Mikrochip gekennzeichnet sein (Tätowierungen werden seit Juli 2011 vom Zoll nicht mehr anerkannt). Hunde sind jedoch an Stränden sowie in Hotels keine gern gesehenen Gäste.

Information
Die Spanischen Fremdenverkehrsämter erteilen telefonisch Auskünfte und versenden auf Wunsch Prospektmaterial, das unter Tel. 01 80/300 26 47 bestellt werden kann. Online-Infos unter www.spain.info.

■ **Deutschland:** 10707 Berlin, Kurfürstendamm 63, Tel. 0 30/882 65 43, berlin@tourspain.es;
40237 Düsseldorf, Grafenberger Allee 100, Tel. 02 11/680 39 81, düsseldorf@tourspain.es;
60323 Frankfurt/M., Myliusstr. 14, Tel. 0 69/72 50 38, frankfurt@tourspain.es;
80051 München, Postfach 15 19 40, Schubertstr. 10, Tel. 0 89/53 07 46-0, munich@tourspain.es
■ **Österreich:** 1010 Wien, Walfischgasse 8/14, Tel. 08 10/24 24 08, viena@tourspain.es
■ **Schweiz:** 8008 Zürich, Seefeldstraße 19, Tel. 008 00/10 10 50 50, zurich@tourspain.es

Notruf
■ **24-Stunden-Notruf:** 112
(für alle Notfälle; auch auf Deutsch)
■ **Policía Nacional:** 091
(Diebstahl, Überfälle)
■ **Policía Municipal:** 092
(Verkehrsunfälle, Abschleppdienst)
■ **Feuerwehr (**bomberos)
Palma: 080, andere Orte: 085

Öffnungszeiten
■ **Geschäfte:** 9/10 bis 13/14 und 16/17 bis 19/20 Uhr. Die Supermärkte am Stadtrand von Palma: 10–22 Uhr. In den Ferienorten sind auch andere Geschäfte über Mittag und bis in den späten Abend hinein geöffnet.

Urlaubskasse	
Tasse Kaffee	1,20–1,50 €
Softdrink	1,50–1,80 €
Glas Bier	1,50–2 €
Bocadillo	3–5 €
Kugel Eis	1–1,50 €
Taxifahrt (pro km)	0,73/1 €
Mietwagen/Tag	25–30 €
1 l Superbenzin	1,30 €

- **Banken/Post:** Mo–Fr 9–14 Uhr.
- **Museen** sind in der Regel am Sonntagnachmittag und Montag geschlossen. Im Winterhalbjahr sind die Öffnungszeiten stark verkürzt.
- **Kirchen** sind häufig nur zu den Gottesdiensten oder auf Anfrage im Pfarramt zugänglich.
- **Restaurants** haben oft Sonntag abends und Montag geschlossen.

Post

Postkarten und Standardbriefe innerhalb Europas kosten 0,62 €. Briefmarken *(sellos)* bekommt man auch in Tabakläden und an der Hotelrezeption.

Radio und Fernsehen

Die staatliche Fernsehgesellschaft besitzt zwei Kanäle (TVE 1 und TVE 2). Zu den privaten Anbietern gehören Antena 3, Tele 5 und der gebührenpflichtige Canal Plus. Über Satellit sind zahlreiche deutsche Sender zu empfangen. Die Deutsche Welle ist auf Kurzwelle zu empfangen. Der deutschsprachige Radiosender »Mallorca 95.8 FM« sendet 24 Std. Musik, Wetter, Welt- und Inselnachrichten.

Souvenirs

Als typische Mallorca-Souvenirs gelten mundgeblasenes Glas und Kristallwaren, Kunstperlen, Lederwaren, Ikat-Stoffe *(teles de llengües)*, Keramik und Tontöpfe. In dekorative Flaschen abgefüllte Kräuterliköre und *ensaïmades* (Hefeteigschnecken), die in achteckige Schachteln verpackt werden, sind beliebte kulinarische Mitbringsel.

Telefon

Ferngespräche sind von jedem öffentlichen Telefonapparat möglich. Man bezahlt entweder mit Münzen oder mit Telefonkarte *(tarjeta telefónica)*, erhältlich in Tabakläden und Postämtern. Dank Einführung des EU-Tarifs sind die Roaminggebühren für **Mobiltelefone** (span. *cellular*) einheitlich, ob Handy mit Vertrag oder Prepaid-Karte. Ausführliche Infos unter www.teltarif.de.

Für **Auslandsgespräche** wählt man 00 und dann die Kennziffer des Landes (Deutschland 49, Österreich 43, Schweiz 41), gefolgt von der Ortsvorwahl (ohne Null) und der Nummer des Teilnehmers. Spanien ist vom Ausland unter der Vorwahl 00 34 zu erreichen.

Trinkgeld

War der Service wirklich zufrieden stellend, lässt man im Restaurant nach dem Bezahlen der Rechnung etwa 5 % auf dem Tisch liegen. Mindestens 1–2 € erhalten Friseure, Hotelportiers, Gepäckträger und Zimmermädchen. Dieselbe Summe sollte man Fremdenführern und Busfahrern bei Ausflugsfahrten geben. Bei Taxifahrten wird der Endpreis aufgerundet.

Zeitungen

Deutschsprachige Zeitungen sind am Nachmittag des Erscheinungstages am Kiosk und in den Hotels erhältlich. Die auf der Insel verlegten Wochenblätter »Mallorca Magazin« und »Mallorca Zeitung« bieten auf Deutsch aktuelle Informationen über die Insel.

Zoll

Innerhalb der EU gibt es keine Beschränkungen mehr bei der Ein- und Ausfuhr von Gütern, sofern sie für den Privatgebrauch bestimmt sind. Als Richtmengen gelten z. B. 800 Zigaretten und 10 l Spirituosen (pro Person ab 15 bzw. 17 Jahren).

Schweizer können aus Spanien u. a. zollfrei einführen: 200 Zigaretten oder 50 Zigarren, 1 l mit mehr oder 2 l Spirituosen mit weniger als 15 % Alkoholgehalt, 2 l Wein, 500 g Kaffee, 50 g Parfüm. Souvenirs sind bis zum Gesamtwert von 300 CHF steuerfrei.

Register

Alaró 93
Alcúdia 12, 104
Algaida 134
Andratx 11, **73**
Anglada-Camarasa, Hermen- (gildo) 35, 38, 104
Aqualand S'Arenal 18
Artà 12, 109

Banyalbufar 11, 73
Banys de Sant Joan 14, 131
Barceló, Miquel 35, 38, 49, 54, 124
Biniaraix **79**, 89
Binibassí 89
Binissalem 43, **93**
Botanicactus 13, 129
Bunyola 92

Cabrera, Nationalpark 33, 131
Cala Agulla 113
Cala Bona 120
Cala de Deià 21, 86
Cala d'Or 126
Cala Figuera 13, 21, 39, 128
Cala Figuera (Halbinsel Formentor) 97
Cala Fornells 70
Cala Major 64
Cala Mesquida 21, 113
Cala Millor 120
Cala Moltó 113
Cala Mondragó, Naturpark 21, 127
Cala Pi 14, 132
Cala Pi de la Posada 97
Cala Rajada 12, 112
Cala Romàntica 21
Cala sa Nau 20
Cala Sant Vicenç 103
Cala Torta 21
Cala Tuent 15, **90**
Calvià 70
Campanet 106
Camp de Mar 74
Campos 13, 131
Can Pastilla 65
Can Picafort 106

Cap Andritxol 70
Cap Blanc 133
Cap de Cala Figuera 69
Cap de Formentor 97
Capdellà 10, **71**
Capdepera 12, 112
Cap de sa Mola 73, 74
Cap de Ses Salines 130
Cap des Pinar 105
Capocorb Vell 14, 132
Castell d'Alaró 73
Castell de Bellver 63
Castell de Capdepera 12, 100, 112
Castell de Santueri 13, 126
Cellers 42, **94**
Chopin, Frédéric 82
Ciutat Jardí 65
Colònia de S. Jordi 13, 129
Colònia Sant Pere 111
Costa dels Pins 120
Coves d'Artà 12, 19, 111
Coves de Campanet 12, 19, 106
Coves del Drac 121
Coves dels Hams 117, 121

Deià 11, 85
Dobrig, Klaus 39, 137
Driessen, Hein 39

Els Calderers, Museums- finca 12, 19, 135
Ermita de Betlem 111
Ermita de Nostra Senyora del Puig 103
Ermita Nostra Senyora de Bonany 136
Escorça 80, **90**
Es Molinar 65
Es Pla de Mallorca 29
Esporles **72**
Es Raiguer **93**
Estellenç 11, **73**
Es Trenc, Platja 13, 21, 130

Fauna 32
Felanitx 13, 43, 124
Feste 40

Festival de Cançons de la Medi- terrània 37
Fincas 25
Flora 31
Fornalutx 11, 89
Fumat 97

Galilea 10, **71**
Génova 64
Golf 21
Graves, Robert 86

Hidropark, Port d'Alcudia 19
House of Katmandu 19, 69

Ikat-Stoffe 37
Inca 11, **94**

Jardines d'Alfàbia 92

Küche 41

La Granja, Fincamuseum 19, **72**
La Reserva Puig de Galatzó 10, 19, 71
La Victòria, Halbinsel 106
Llucalcari 86
Llucmajor 13
Llull, Ramon 36, 50, 58, **85**, 134
Ludwig Salvator von Habsburg-Toskana 85

Magaluf **69**
Manacor 12, 39, 116, 122
Marineland, Portals Nous 19
Märkte 124
Mirador de Ricard Roca **73**
Mirador des Colomer **73**, 97
Mirador de Ses Barques **90**
Miramar 36, 85
Miró, Joan 35, 38, 54, **64**
Muro 108

Na Guardis 129

Orangenexpress 14, 87
Orient 92

Register

Palau Marivent 64
Palma de Mallorca 9, 38
- Ajuntament 10, 49
- Arc de la Drassana Musulmana 58
- Arc de l'Almudaina 51
- Baluard de Sant Pere 60
- Banys Arabs 51
- Basílica Sant Francesc 50
- Can Barceló 50
- Can Casayas 55
- Can Corbella 55
- Can Marqués 10, 51
- Carrer Sant Jaume 57
- Carrer Sant Miquel 54
- Casal Balaguer 38
- Col.lecció March 54
- Consolat de Mar 60
- El Terreno 63
- Església Monti-sion 50
- Església Santa Eulària 50
- Església Sant Antoni 54
- Església Sant Miquel 54
- Es Jonquet 59
- Forn des Teatre 56
- Fundació Barceló 38
- Fundació Pilar i Joan Miró 64
- Gran Hotel 38, 56
- Hafenpromenade 59
- Kathedrale 10, 48
- Kunstgalerien 39, 55
- Mercat Olivar 54
- Museu d'Art Espanyol Contemporani 38, 54
- Museu d'Art Modern i Cont. Es Baluard 39, 60
- Museu de Mallorca 50
- Museu Diocesà 51
- Palau de l'Almudaina 49
- Palau Formiguera 51
- Palau March 49
- Palau Pelaires 55
- Palau Solleric 38, 58
- Parc de la Mar 58
- Passeig des Born 57
- Passeig Marítim 60
- Plaça del Mercat 55
- Plaça Espanya 54
- Plaça Major 54
- Plaça Mar. del Palmer 55
- Rambla/Via Roma 56
- Sa Llotja 60
- Santa Catalina 10, 59
- S'Hort del Rei 58
- Teatre Principal 56
- Via Roma/Rambla 56

Palma Aquarium 19
Palmanova 69
Peguera 70
Perlas Majórica 116
Petra 12, 43, 135
Platja de Muro 106
Platja de'n Repic 88
Platja de Palma 65
Platja Es Trenc 13, 21, 130
Platja Formentor 97
Platja S'Amarador 21, 127
Poble Espanyol 63
Pollença 12, 39, 101
Porreres 43
Portals Nous 69
Portals Vells 21
Port d'Alcúdia 12, 105
Port d'Andratx 11, **74**
Port de Pollença 103
Port de Sóller 11, 15, **88**
Port de Valldemossa 84
Portocolom 13, 123
Portocristo 12, 19, 117, **121**
Portopetro 127
Porto Portals 69
Puig de Maria 102
Puig de Nostra Senyora de Bonany 136
Puig de Randa **73**, 134
Puig Major 8, 87
Puigpunyent 10, **71**

Raixa 80
Randa 134
Rusinyol, Santiago 38, 86

Sa Calobra 11, 15, **90**
Sa Coma 121
Sa Dragonera 75
Safari Zoo 19, 120
Sa Foradada 84
S'Albufera 12, 33, 99
Sand, George 82
Santa Catalina 83
Sant Agustí 65
Santa Margalida 109
Santanyí 13, 127

Santa Ponça 70
Sant Elm 21, **75**
Santuari de Lluc 11, 91, 103
Santuari de Nostra Senyora de la Cura 36, 103, 134
Santuari de Nostra Senyora de Gràcia 134
Santuari de S. Honorat 134
Santuari de S. Salvador 12, 13, 103, 125
Santuari de Sant Salvador d'Artà 110
Sa Pedrissa 85
Sa Pobla 12, 19, 107
Sa Punta de N'Amer 120
Sa Ràpita 132
S'Arenal 65
S'Arracó 75
Sa Trapa, Kloster 75
Serra de Tramuntana 8, 11, 76 ff.
Serra, Fra Juniper 50, 135, 136
Ses Covetes 130
Ses Illetes 65
Ses Països 12, 110
Ses Salines 13, 129
S'Estaca 85
S'Estanyol 132
S'Illot 121
Sineu 39, 137
Siurells 37, 108
Sóller 11, 14, 87
Son Marroig 11, 84
Son Real 106
Son Serra de la Marina 111
Son Servera 120
Steinschleuderer 98

Talaia d'Albercutx 97
Teles de Llengües (Ikat) 37
Torre de Canyamel 12, 112
Torre de Ses Animes 73
Torrent de Pareis 21, **90**

Valldemossa 11, 81
Veranstaltungen 40
Vilafranca 135

Waldren, William 86
Wein(-bau) 30, 42, **93**
Westernpark, Magaluf 69

Bildnachweis

Alamy/f1 online digitale Bildagentur GmbH: U2-Top12-09; Alamy/Rough Guides: U2-Top12-12, 19; Alamy/imagebroker: 18, 55, 121; Alamy/Matthew Wreford: U2-Top12-06; APA-Publications/Glyn Genin: 36, 37, 51, 56, 58, 61, 84, 87, 89, 101, 102, 105, 110, 112, 118, 123, 126, 135; Bildagentur Huber/Fantuz Olimpio: 95; Bildagentur Huber/R. Schmid: 44, 66, 96, 128; Fotolia.com/Anobis: U2-Top12-07; Fotolia.com/Silvia Neumann: 2-1; Fotolia.com/schneider pics: U2-Top12-11; Fotolia.com/juanjo tugores: U2-Top12-10; Fotolia.com/Sven Weber: U2-Top12-04, 2-2; Fotolia.com/Ulrich Zoeger: 2-3; Galeria L' Unico: 38; Monika Gumm: 39; Rainer Hackenberg: 13, 62, 129, 132; laif/Amme: 133; laif/Bialobrzeski: 109; laif/Celentano: 20; laif/hemis.fr/MAISANT Ludovic: 71; laif/Heuer: U2-Top12-08, 10, 43, 130; laif/Gernot Huber: 23, 24, 40, 74, 80, 125; laif/Zahn: 83; laif/Zanettini: 35, 49, 93; LOOK-foto/Hauke Dressler: 114; LOOK-foto/Holger Leue: 76; LOOK-foto/Uli Seer: 26; LOOK-foto/travelstock44: 46; LOOK-foto/H. & D. Zielske: 6; Müller-Moewes: 136; Pixelio/bildpixel: U2-Top12-03; Pixelio/Manfred Boelke: U2-Top12-05; Pixelio/Olaf Schneider: U2-Top12-01; Gregor M. Schmid: U2-Top12-02; Achim Sperber: 32, 64; Ernst Wrba: 72, 91, 107.

Polyglott im Internet: www.polyglott.de

Impressum

Wir freuen uns, dass Sie sich für einen Reiseführer aus dem Polyglott-Programm entschieden haben. Auch wenn alle Informationen aus zuverlässigen Quellen stammen und sorgfältig geprüft sind, lassen sich Fehler nie ganz ausschließen. Wir bitten um Verständnis, dass der Verlag dafür keine Haftung übernehmen kann. Ihre Hinweise und Anregungen sind uns wichtig und helfen uns, die Reiseführer ständig weiter zu verbessern. Bitte schreiben Sie uns:
GVG TRAVEL MEDIA GmbH, ein Unternehmen der GANSKE VERLAGSGRUPPE
Redaktion Polyglott, Harvestehuder Weg 41, 20149 Hamburg, redaktion@polyglott.de

Wir wünschen Ihnen eine gelungene Reise!

Herausgeber: GVG TRAVEL MEDIA GmbH
Redaktionsleitung: Grit Müller
Autoren: Kristiane Albert und Peter V. Neumann
Neukonzeption: Peter V. Neumann
Redaktion: Trudie Trox, via-Redaktion
Bildredaktion: Trudie Trox und Ulrich Reißer
Layout: Ute Weber, Geretsried
Titeldesign-Konzept: Studio Schübel Werbeagentur GmbH, München
Karten und Pläne: Kartografie GVG TRAVEL MEDIA GmbH, Hamburg
Satz: Schulz Bild & Text, Mainz und Ute Weber, Geretsried
Druck und Bindung: Stürtz Mediendienstleistungen, Würzburg

© 2013 by GVG TRAVEL MEDIA GmbH, Hamburg
2. unveränderte Auflage
Printed in Germany
Dieses Buch wurde auf chlorfrei gebleichtem Papier gedruckt.
ISBN 978-3-8464-0851-3

Langenscheidt Mini-Dolmetscher Katalanisch

Allgemeines

Guten Morgen.	Bon dia. [bon diə]
Guten Tag. (nachmittags)	Bona tarda. [bonə tardə]
Gute Nacht.	Bona nit. [bonə nit]
Hallo!	Hola! [olə]
Wie geht's?	Com anem? [kom ənem]
Danke, gut.	Bé, gràcies. [be grasiəs]
Ich heiße ...	Em dic ... [əm dik]
Auf Wiedersehen.	Adéu / A reveure. [əde·u / ə rəbä·urə]
Morgen	matí [məti]
Nachmittag	tarda [tardə]
Abend	vespre [besspre]
Nacht	nit [nit]
morgen	demà [dəma]
heute	avui [əbui]
gestern	ahir [əi]
Sprechen Sie Deutsch / Englisch?	Parla vostè alemany / anglès? [parlə bustä ələmanji / əngläs]
Wie bitte?	Com diu? [kom diu]
Ich verstehe Sie nicht.	No l'entenc. [no l‿əntenk]
Wiederholen Sie bitte.	Repeteixi-ho, si us plau. [rəpəteschiu si‿us‿plau]
..., bitte.	..., si us plau. [si‿us‿plau]
danke	gràcies [grasiəs]
Keine Ursache.	De res. [də räs]
was / wer / welcher	què / qui / quin [kä / ki / kin]
wo / wohin	on / a on [on / ə on]
wie / wie viel	com / quant [kom / kuan]
wann / wie lange	quan / quant temps [kuan / kuan tems]
Wie heißt das?	Com es diu això? [kom əs diu əscho]
Wo ist ...?	On és ...? [on es]
Können Sie mir helfen?	Em pot ajudar? [əm pot əsehuda]
ja	sí [si]
nein	no [no]
Entschuldigen Sie.	Perdoni. [pərdoni]
Das macht nichts.	No hi fa res. [no i fa räs]

Shopping

Wo gibt es ...?	On hi ha ...? [on‿i‿a]
Wie viel kostet das?	Quant val això? [kuan bal əscho]
Wo ist eine Bank?	On hi ha un banc? [on‿i‿a un bank]
Ich suche einen Geldautomaten.	Busco un caixer automàtic. [busku‿un kaschə autumatik]
Geben Sie mir 100 g Käse / zwei Kilo Pfirsiche.	Posi'm cent grams de formatge / dos quilos de préssecs. [posim sen grams də furmatsehə / dos kilus də presəks]
Haben Sie deutsche Zeitungen?	Que tenen diaris alemanys? [kə tenən diaris ələmanjis]
Wo kann ich telefonieren?	On puc trucar? [on puk trukа]
Wo kann ich eine Telefonkarte kaufen?	On puc comprar una targeta per trucar? [on puk kumpra unə tərsehätə pər truka]

Essen und Trinken

Die Speisekarte, bitte.	La carta, si us plau. [lə kartə si‿us‿plau]
Brot	pa [pa]
Kaffee	cafè [kəfä]
Tee	te [tä]
mit Milch / Zucker	amb llet / sucre [əm ljet / βukrə]
Orangensaft	suc de taronja [suk də tronjə]
Suppe	sopa [βopə]
Fisch	peix [pesch]
Meeresfrüchte	marisc [mərisk]
Fleisch	carn [karn]
Geflügel	aus [aus]
Beilage	guarnició [guərniβio]
vegetarische Gerichte	plats vegetarians [plats bəsehətarians]
Gemüse	verdures [bərdurəs]
Eier	ous [ous]
Salat	amanida [əmanidə]
Dessert	postres [postrəs]
Obst	fruita [fruitə]
Eis	gelat [sehəlat]
Wein	vi [bi]
Bier	cervesa [sərbäsə]
Aperitif	aperitiu [əpəritiu]
Wasser	aigua [ajguə]
Mineralwasser	aigua mineral [ajguə minəral]